Técnicas de clase

Las lecturas en la clase

Isabel Alonso Belmonte
María Fernández Agüero

enCLAVE ELE

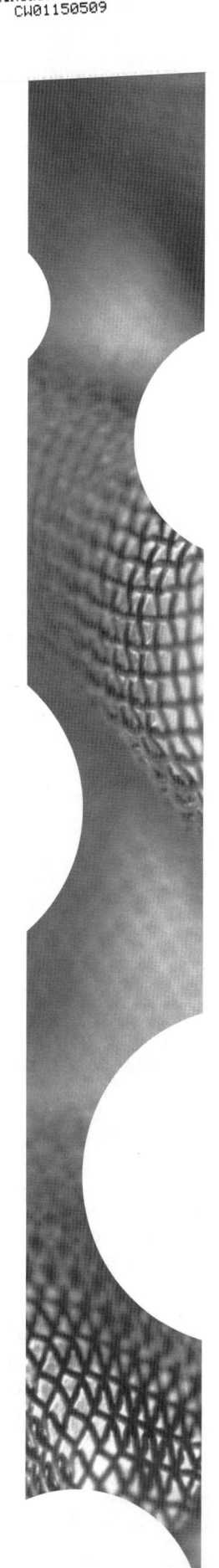

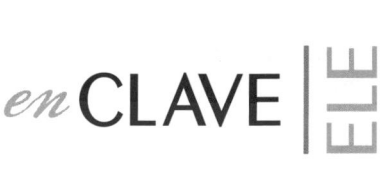

Directora editorial: R. Varela.

▪ Equipo editorial

Edición: AGL Servicios Editoriales S.L.
Diseño de cubierta: DCVisual.
Diseño de interiores: Grupo Adrizar.
Puesta en página: Grupo Adrizar.
Ilustraciones: Grupo Adrizar.
Fotografía: Grupo Adrizar.

©: enCLAVE-ELE | CLE | 2006 - ISBN: 2090343605
Nº editor: 10121704 - Depósito legal: Junio 2006.
Impreso en España por Mateu Cromo en Madrid.
Printed in Spain by Mateu Cromo (Madrid).

Introducción

Las lecturas en la clase

Introducción

Las lecturas en la clase:
algunas pautas para el desarrollo de la comprensión de la lectura

"No puede decirse que se domine una lengua sin saberla leer, es decir, sin comprender sus producciones escritas en cuanto exponentes culturales" (Mendoza Fillola, 1994: 313)

Las lecturas en la clase consta de diez unidades independientes, cada una de las cuales presenta una serie de actividades de comprensión de la lectura a partir de la explotación de un texto concreto, extraído de la colección de lecturas graduadas de enCLAVE/ELE. Se dirige principalmente a profesores que inician su andadura en el mundo de la enseñanza de idiomas, a los que se presenta una tipología de actividades básicas para el desarrollo de la comprensión de la lectura en español como lengua extranjera. Nuestra intención es ilustrar con ejemplos prácticos cómo se puede posibilitar el acceso del estudiante a textos de diferente naturaleza mediante el desarrollo de diferentes actividades orientadas a activar, seleccionar y aplicar adecuadamente el caudal de recursos ya adquiridos que posee el alumno como lector en la lengua objeto de estudio, pero también en otras lenguas (L1, L2, L3, etc.), y vincularlos con la información que proporciona el texto. Nuestro fin último es lograr el desarrollo de las competencias plurilingüe y pluricultural del estudiante, que le capacitarán para tender redes entre las distintas formas de aproximarse a la realidad que imprimen los sistemas aportados por las diferentes culturas aparejadas a las lenguas que habla.

La comprensión de la lectura es, sin duda, un complejo juego de interacciones entre lector, texto y contexto (Cooper, 1986; Carrell, Devine y Eskey, 1988; en español; Mayor, 2000; Acquaroni, 2004, entre otros) y una destreza interpretativa fundamental en el proceso de aprendizaje de una lengua extranjera. En muchos casos, es la única vía de acceso al idioma que se estudia y a sus principales manifestaciones culturales. Además, es una de las estrategias de aprendizaje que se despliega con mayor frecuencia en el aula (la comprensión del contenido de un curso, la consulta de manuales, obras de referencia, documentos, etc.). Para que un aprendiz de idiomas pueda desarrollar adecuadamente su comprensión lectora en una lengua extranjera, según las indicaciones que proporciona la literatura más reciente sobre el tema y siguiendo los parámetros que señala el *Marco Común europeo de referencia para las lenguas: aprendizaje, enseñanza, evaluación* (2001) (en adelante, el MCER), este tiene que adquirir una serie de conocimientos, competencias y estrategias, que constituyen los fundamentos metodológicos de nuestras propuestas de aula. Pues bien, presentarlos será nuestro objetivo en las próximas páginas. Finalmente, ilustraremos las principales características del libro y cómo está organizada cada unidad.

1. ¿Qué es la comprensión de la lectura? ¿Cómo se desarrolla?

El MCER define la comprensión de la lectura como una de las actividades comunicativas de la lengua que puede llegar a darse en un acto de comunicación, junto con la expresión oral y escrita, la comprensión oral y audiovisual, la interacción oral y escrita y la mediación. En las actividades de comprensión de la lectura, el lector recibe y procesa como información de entrada textos escritos producidos por uno o más autores. En el transcurso de la lectura se ponen en funcionamiento tanto procesos de descodificación, como constructivos e interpretativos: así, se producen de forma simultánea tareas tales como descifrar signos gráficos (letras, palabras…), construir una representación mental de las palabras, acceder a los significados de esas palabras, asignar un valor lingüístico a cada palabra dentro de un contexto, construir el significado de una frase e integrar dicho significado en un contexto concreto, según el texto y las experiencias y conocimientos previos del lector sobre el tema.

Para que un aprendiz de idiomas pueda desarrollar adecuadamente su comprensión lectora en una lengua extranjera, tiene que tener los siguientes conocimientos, competencias y estrategias:

a. Conocimiento del mundo y experiencia sociocultural en L1 y L2

Toda comunicación humana depende de un conocimiento compartido del mundo. Así, el receptor de un mensaje, como procesador activo de la información que le transmite el texto, es capaz de construir y ampliar significados, a partir, entre otros recursos, del andamiaje mental que le proporcionan sus esquemas de conocimiento previo (Carrel, 1983). Estos esquemas, que se van adquiriendo desde niños, pueden almacenar información grafofónica, morfológica, léxica, textual, etc. sobre el idioma que habla (los denominados esquemas formales), así como pragmática o socio-cultural (los llamados esquemas culturales y esquemas de contenido). La información que el hablante encuentra en el texto rellena los huecos del esquema formal y/o cultural que activa, posibilitando la comprensión del mensaje y reduciendo el esfuerzo mental del sujeto.

Por tanto, cada vez que recibimos un mensaje, nuestro cerebro lo interpreta solo si puede establecer conexión con alguno de los esquemas ya existentes en nuestra memoria. Si esto es así, la interpretación de dicho mensaje pasará a formar parte automáticamente del esquema o esquemas activados.

Introducción

Es decir, a medida que el hablante elabora nuevos conocimientos, relacionando información nueva con la que ya ha almacenado, sus esquemas se van ampliando y relacionando unos con otros, formando una extensa red de conocimientos. Si, por el contrario, no dispone en su memoria de información alguna relacionada con el mensaje recibido, no logrará descifrarlo. Por tanto, tenemos que tener en cuenta que los problemas de comprensión de la lectura en el aula de lengua extranjera pueden surgir, entre otros motivos, cuando el estudiante no posee información alguna que le permita interpretar bien el contenido del texto, o bien cuando el esquema que el estudiante activa ante un determinado mensaje es específico de su L1 y, por tanto, no coincide con el de la L2 que está estudiando (Alonso, 1997; Alonso, en prensa).

En las páginas siguientes haremos una serie de propuestas didácticas que ayuden a crear y/o a activar los esquemas lingüísticos, sociales y culturales necesarios para potenciar la comprensión de la lectura. Algunas de estas propuestas de generación y/o activación de conocimientos previos cumplen un objetivo claramente intercultural. Se pretende así que el estudiante desarrolle habilidades interculturales que le permitan: a) relacionar entre sí su cultura de origen y la cultura extranjera; b) identificar y utilizar ciertas estrategias para establecer contacto con personas de otras culturas; y c) cumplir el papel de intermediario cultural entre la cultura propia y la cultura extranjera, abordando con eficacia los malentendidos interculturales y las situaciones conflictivas (MCER, 2001:104-102). He aquí algunas de las tareas que propondremos en las próximas páginas, escogidas entre la tipología de actividades diseñada por Bachmann, Gerhold y Wessling (1996):

- **Tareas que desarrollan la conciencia y la percepción intercultural del estudiante**
    - ❑ Describir y comentar impresiones visuales y auditivas.
    - ❑ Describir lo que uno ve en fotografías.
    - ❑ Contar historias (a partir de una serie de imágenes).
    - ❑ Describir y evaluar situaciones y gente.
    - ❑ Interpretaciones personales de imágenes o fotografías.
    - ❑ Describir imágenes o situaciones de memoria.

- **Tareas en torno a la definición de conceptos y comprensión de significados**

    ❏ Especular sobre el significado de un "espacio en blanco" (ej. en una historia).

    ❏ Ejercicios de léxico (antónimos, escalas, desarrollar redes semánticas, etc.).

- **Tareas que comparan la cultura de la L1 con la cultura de la L2**

    ❏ Comparar y contrastar.

    ❏ Clasificar.

    ❏ Discutir opiniones.

    ❏ Comparar unidades socio-culturales.

    ❏ Comparar estereotipos.

Con este tipo de actividades, queremos que los alumnos accedan a los contenidos socio-culturales de la L2 de manera interactiva, sin disociarlos de los contenidos de lengua, y en constante contraste con los esquemas socio-culturales de su L1. De esta manera, el estudiante no adquiere dos formas de actuar y de comunicarse distintas e independientes, sino que se convierte en plurilingüe y desarrolla unas capacidades interculturales, tal como nos explica el Marco. En otras palabras, se ayuda al estudiante a comprenderse, descubriendo y comprendiendo a los demás.

b. Competencia discursiva en la lengua extranjera

La competencia del discurso, según el MCER, es la capacidad que posee el hablante de organizar, ordenar y estructurar textos coherentes. A nuestro jui-

Lecturas | Introducción

cio, la competencia discursiva es un componente fundamental en el concepto de competencia comunicativa, puesto que funciona como vertebradora de las demás competencias (lingüística, sociolingüística e incluso la pragmática); de hecho, todas ellas convergen en la producción de textos, ya sean orales, ya sean escritos (Celce-Murcia, Dörnyei & Thurrell, 1995; Celce-Murcia & Olshtain, 2001a y 2001b). Para que los alumnos de lenguas extranjeras aprendan a captar adecuadamente el significado de diferentes textos, debemos potenciar en el aula la familiaridad del alumno con diversos tipos de escrito, pertenecientes a géneros y registros variados, y, por ende, con su macroestructura textual. Algunos investigadores defienden la base cognitiva del concepto de género, puesto que al igual que ocurre con los esquemas de conocimiento previo, al activar un género activamos también la información previa que tenemos en relación a dicho género, vocabulario específico e incluso estructuras gramaticales (Bhatia, 1993; Paltridge, 1997).

En *Las lecturas en la clase* se han seleccionado textos de diferentes grados de dificultad, pertenecientes a los siguientes géneros:

- Cuentos tradicionales
- Relatos para niños
- Relatos de suspense
- Cartas
- Leyendas
- Poemas
- Obras de teatro

Dichos textos se trabajan en estrecha relación con otros tipos de textos, tanto orales como escritos:

ORALES
- Debates y discusiones
- Piezas o *sketches* teatrales

ESCRITOS

- Guías turísticas
- Mapas
- Folletos
- Páginas web
- Tiras cómicas
- Diccionarios y glosarios en línea
- Correos electrónicos, *chats*, mensajes sms
- Recetas de cocina
- Poemas (verso libre-escritura creativa)
- Relatos de diferente naturaleza
- Enciclopedias
- Textos de opinión (reseñas críticas)

De esta manera se proporciona a los alumnos un abanico amplio y variado de material textual, para que aprendan a identificar cuáles son los rasgos específicos de cada tipo de texto y a utilizar dicho conocimiento estratégicamente, al servicio de una mejor comprensión de los mismos.

c. Estrategias, técnicas y actividades de lectura

Para comprender el contenido de un texto, sus rasgos más característicos y su origen y trasfondo socio-cultural, el estudiante tiene que desarrollar y/o activar una serie de estrategias de comprensión. Las estrategias de comprensión son líneas concretas de acción que el estudiante emplea intencionadamente al abordar la actividad comunicativa en cuestión con el fin de obtener los mejores resultados en la comunicación. Dichas estrategias resultan de aplicar cuatro principios metacogniti-

Introducción

vos de comprensión: planificación (establecer expectativas sobre el texto), ejecución (identificación de las claves del texto para su comprensión), control (comprobación de las hipótesis) y reparación (revisión de las hipótesis). Generalmente, un lector competente en su lengua materna suele aplicar las mismas estrategias de su lengua materna a la lectura en L2. En cualquier caso, es labor del docente crear el contexto adecuado para que el estudiante desarrolle dichas estrategias.

La mayoría de los investigadores identifica tres etapas en el desarrollo de la comprensión de la lectura en el aula: pre-lectura, lectura y post-lectura. Cada etapa tiene unos objetivos, que determinan las estrategias y técnicas que el estudiante desarrolla y, por tanto, el tipo de actividades que se presentarán:

- **Pre-lectura**: El objetivo del docente en esta etapa es hacer que el estudiante genere y/o active sus conocimientos previos lingüísticos y socioculturales sobre el tema de la lectura y motivarle para que lea. Para ello el estudiante debe (aprender a) desarrollar estrategias como:

    ❑ hacer predicciones;

    ❑ generar hipótesis;

    ❑ contextualizar la lectura.

El profesor debe proponer en esta etapa actividades como las tormentas de ideas, los cuestionarios, los ejercicios de verdadero/falso, etc. Nosotros proponemos, además, la realización de algunas de las tareas interculturales propuestas por Bachmann, Gerhold y Wessling (1996).

- **Lectura**: El objetivo del docente en esta etapa es hacer que el estudiante entienda cuál es el propósito de autor al escribir el texto, el mensaje que transmite y la estructura y la organización del texto. Para ello puede pedirle que aborde la lectura del texto mediante dos técnicas distintas:

    - Leer el texto de forma rápida y extensiva, para saber cómo está organizado, para conseguir una idea general sobre el tema o el tono que imprime el autor.

    - Leer el texto de forma atenta e intensiva, en busca de una información concreta: una fecha, un nombre, etc.

Durante esta etapa, el estudiante debe (aprender a) desarrollar estrategias como:

- analizar las claves del texto;

- comprobar la veracidad de las hipótesis y predicciones anteriores;

- realizar inferencias a partir de dichas claves;

- formular preguntas;

- resumir el texto;

- consultar el diccionario u otros materiales de referencia.

El profesor debe proponer en esta etapa actividades que permitan desarrollar dichas estrategias. Por ejemplo, proponemos pedir a los alumnos que respondan a preguntas cuya respuesta contradiga o refrende las hipótesis que se plantearon en la pre-lectura, que averigüen el significado de palabras desconocidas del texto o que ordenen una serie de sucesos tal y como aparecen en el texto.

■ **Post-lectura**: El objetivo del docente en esta etapa es hacer que el estudiante use la información obtenida de la comprensión del texto con otros fines comunicativos. En esta etapa proponemos la realización de actividades de expresión oral y escrita, a partir del contenido del texto, para lograr la integración de actividades comunicativas de la lengua, tal como se da en la realidad de la comunicación diaria. La integración de la lectura en la enseñanza de las demás destrezas, y especialmente, su estrecha vinculación con la expresión y con la interacción oral y escrita se puede potenciar a través de actividades, tales como la representación de breves piezas y *sketches* teatrales, la elaboración de tiras cómicas, la puesta en marcha de debates sobre temas de actualidad, etc.

2. Características del presente libro

Fruto de lo anterior, en las próximas páginas proponemos la explotación de diez textos con las siguientes características:

1. Nuestro objetivo es hacer propuestas didácticas que ayuden a crear y/o a activar los conocimientos sociales y culturales necesarios para potenciar la comprensión lectora del texto, a la vez que contribuyen de alguna manera al desarrollo de la competencia plurilingüe y pluricultural de los alumnos.

2. Proponemos exponer al alumno a una tipología textual lo más variada posible, en las que se trabajan diferentes registros y se muestran diferentes variedades de español.

3. Proponemos la explotación de los textos en tres fases a través de diferentes tipos de actividades agrupadas en tres bloques: actividades de pre-lectura, actividades de comprensión de la lectura, y actividades de post-lectura.

4. Proponemos ejemplos de diferentes técnicas de aproximación a un texto (lectura global, rápida, atenta, extensiva, intensiva, etc.) adecuándolas a la tipología textual y al objetivo de la tarea propuesta por el profesor.

5. Proponemos trabajar la comprensión lectora en estrecha relación con otras actividades de la lengua, como la expresión y la interacción oral y escrita.

Las lecturas en la clase presentan fragmentos variados extraídos de las siguientes lecturas graduadas de la **colección enCLAVE/ELE**:

- GARCÍA ABIA, B. *Calle Mayor 10.*
- PISOS, C. *Juan Ignacio Superman.*
- PISOS, C. *Los tres chanchitos que habían leído «Los tres chanchitos».*
- GARRIDO, M. *Misterio en Santiago de Chile.*
- PISOS, C. *Todos para una sopa.*

Lecturas | Introducción

- PASTOR, T. Y VAQUERO, N. *Fiera muerte*.
- TORRES, R. Y VAQUERO, N. *Con la sartén por el mango*.
- MOLINA, I. *Libertad condicional*.
- BECQUER, G. A. "Los ojos verdes", en *Leyendas*. (Adaptación)
- ZORRILLA, J. *Don Juan Tenorio*. (Adaptación)

La mayoría de los textos seleccionados son textos de ficción escritos *ad hoc* para estudiantes de ELE. En ellos, la acción se sitúa en un contexto auténtico y contemporáneo, tanto espacial como temporal, para que los alumnos tengan acceso a información sobre hábitos, costumbres, modos de hacer y referencias culturales y gastronómicas de las sociedades hispanohablantes, etc. Los dos últimos textos son adaptaciones de obras literarias: de una leyenda y de una pieza teatral. El nivel de dificultad de todas estas lecturas está controlado y los fragmentos seleccionados, verdaderos ejes vertebradores de cada unidad, se presentan ordenados por nivel de dificultad, que va de un A2 a un B2.

3. ¿Cómo está organizada cada unidad?

Cada unidad tiene un título propio, derivado del contenido del texto, y se compone de:

- una **ficha técnica** que presenta de forma esquemática información sobre los objetivos de las actividades de pre-lectura y post-lectura, las actividades de lengua implicadas, el tipo de agrupamiento que se propone, el nivel de dificultad del texto y de las actividades que lo acompañan.

- otra **ficha** con información específica **para el profesor**, en la que se dan indicaciones sobre la puesta en práctica de la unidad en el aula y se proporcionan direcciones web, bien para que el docente se documente, bien para que a su vez sugiera su consulta a los alumnos.

- **actividades de prelectura**, pensadas para contribuir a la activación de conocimientos previos necesarios en la comprensión del texto por su tipología o temática.

- el cuerpo central de la unidad, constituido por **el texto y las actividades de comprensión de la lectura**. Aquí se pide al estudiante que identifique la estructura el texto, y seleccione y organice la información relevante para llegar a la comprensión satisfactoria del mismo.

- actividades de **post-lectura**, que podría considerarse la sección en que se cierra la unidad. En ella se proponen actividades orales o escritas que afianzan los nuevos conocimientos adquiridos.

Referencias consultadas

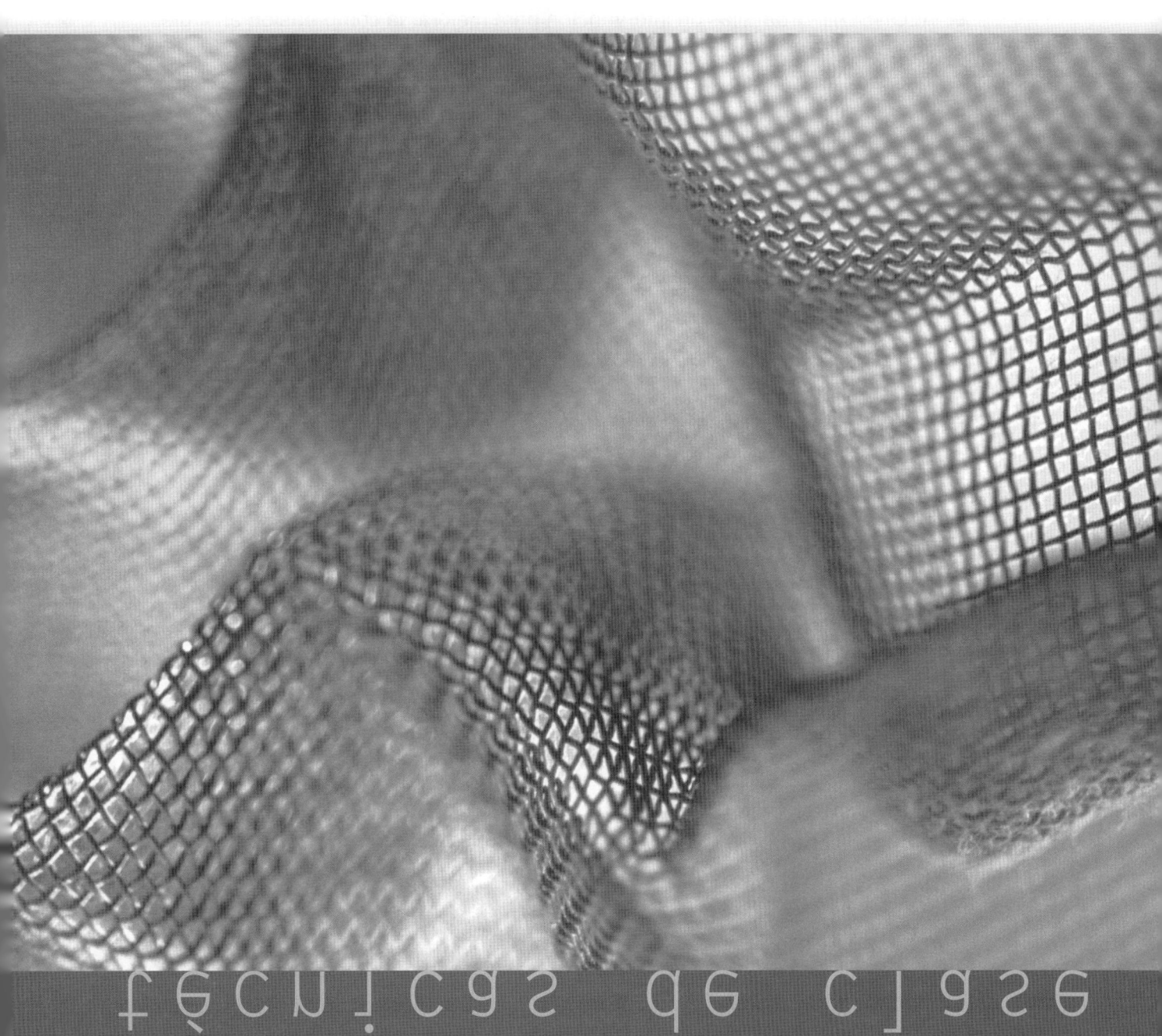

- ACQUARONI, R. (2004) "La comprensión lectora", en J. Sánchez y I. Santos (Dirs.), *Vademécum para la formación de profesores*. Madrid, SGEL, págs. 943-964.

- ALONSO, I. "Fórmulas de intervención para mejorar la comprensión en inglés en el aula de primaria: hacia la formación de un ciudadano plurilingüe", *Textos (Didáctica de la Lengua y la Literatura)*. (En proceso de evaluación).

- ALONSO, I. (1997) "Cómo mejorar la comprensión lectora/auditiva en el aprendizaje de una L2: las teorías del conocimiento previo", *Frecuencia L*, 4, págs. 13-16.

- BACHMANN, R., GERHOLD, F. & WESSLING, D. (1996) Aufgaben und Ubungstypologie zum interkulturellen Lernen. *Zielsprache Deutsch,* 27, 2, págs. 77-91. Resumen en inglés en: http://www.lvasa.lv/Intercult_Comp_eng.html

- BARTLETT, F. C. (1932) *Remembering*. Cambridge, Cambridge University Press.

- BHATIA, V. K. (1993) *Analysing Genre: Language Use in Professional Settings.* Londres, Longman.

- CARRELL, P. L. (1983) "Background Knowledge in Second Language Comprehension", *Language Learning and Communication*, 2, 1, págs. 25-33.

- CARRELL, P. L., DEVINE, J. & ESKEY, D. (1988) *Interactive Approaches to Second Language Reading.* N. Y., Cambridge University Press.

- CELCE-MURCIA, M. & OLSHTAIN, E. (2001a) *Discourse and Context in Language Teaching*. Cambridge, Cambridge University Press.

- CELCE-MURCIA, M. & OLSHTAIN, E. (2001b) "Discourse Analysis and Language Teaching", en D. Schiffrin, D. Tannen y H.E. Hamilton (Eds.), *The Handbook of Discourse Analysis*. Oxford, Blackwell Publishers, págs. 707-724.

- CELCE-MURCIA, M., DÖRNYEI, Z. & THURRELL, S. (1995) "Communicative Competence: A Pedagogically Motivated Model with Content Specifications", *Issues in Applied Linguistics,* 6, págs. 5-35.

- COOPER, J. D. (1986) *Improving Reading Comprehension.* Boston, Houghton Mifflin Company.

- MAYOR, J. (2000) "Estrategias de comprensión lectora", *Carabela,* 48, págs. 5-24.

- MENDOZA FILLOLA, A. (1994) "Las estrategias de lectura: su función autoevaluadora en el aprendizaje del español como lengua extranjera", en J. Sánchez Lobato e I. Santos Gargallo (Eds.), *Problemas y métodos en la enseñanza del E/LE,* Madrid, Actas del IV Congreso Internacional de ASELE, págs. 313-324.

- PALTRIDGE, B. (1997) *Genre, Frames and Writing in Research Settings.* Amsterdam & Philadelphia, John Benjamins.

- RUMELHART, D. E. (1980) "Schemata: The building blocks of cognition", en R.J. Spiro, B.C. Bruce, y W.E. Brewer (Eds.), *Theoretical Issues in Reading Comprehension.* Hillsdale, N. J., Erlbaum, págs. 33-58.

- RUMELHART, D. E. (1977) "Understading and summarizing brief stories", en D. La Berge y S. J. Samuels (Eds.), *Basic Processes in Reading: Perception and Comprehension.* Hillsdale, N. J., Lawrence Erlbaum Associates, págs. 265-303.

- VV. AA. (2001) *Common European Framework of Reference for Languages: Learning, Teaching, Assessment.* Estrasburgo, Consejo de Europa. Traducción al español (2001): *El Marco común europeo de referencia para las lenguas: aprendizaje, enseñanza, evaluación.* Madrid, Instituto Cervantes.

Bibliografía específica

OTRAS REFERENCIAS BIBLIOGRÁFICAS
SOBRE LA COMPRENSIÓN DE LA LECTURA EN LENGUAS EXTRANJERAS/SEGUNDAS LENGUAS

En las próximas páginas el profesor encontrará una recopilación de algunas de las principales referencias bibliográficas sobre el desarrollo de la comprensión de la lectura en el aula de lenguas extranjeras/segundas lenguas. Creemos que pueden ser de utilidad tanto para profesores como para investigadores noveles que quieran ahondar en su conocimiento sobre la comprensión de la lectura y de los mecanismos y variables que determinan el desarrollo de esta actividad comunicativa de la lengua en el aula de L2.

- ACQUARONI, R. (2000), "Del texto apropiado a la apropiación del texto: el tratamiento apropiado de la comprensión lectora en la enseñanza de ELE según las principales orientaciones metodológicas", *Carabela,* 48, págs. 45-63.

- ACQUARONI, R. (1996), "Lecturas graduadas: algunas consideraciones para su incorporación a las actividades de clase", *Frecuencia L,* 1, págs. 18-20.

- ALONSO RAYA, R. y SERRANO CABEZAS, Mª P. (1998), "Práctica de la comprensión lectora: estrategias de procesamiento y resolución de problemas", en I. Vázquez Orta e I. Guillén Galve (Eds.), *Perspectivas Pragmáticas en Lingüística Aplicada*, Zaragoza, Anubar, págs. 183-188.

- ALONSO, R. (1991),"El largo adiós al sueño eterno. La maldición de la lectura en clase", *Cable,* 7, págs. 28-32.

- ALDERSON, J. C. y URQUHART, P. (1984), *Reading in a Foreing Language*, Londres, Longman.

- ALVAREZ, A., NÚÑEZ, R. y TESO, E. (2005), *Leer en español*, Oviedo, Nobel.

- ARGÜELLES, I. (1999),"Taller de lectura en L2", en T. Jiménez Juliá, M. C. Losada Aldrey y J. F. Márquez Caneda (Eds.), *Español como Lengua Extranjera: enfoque comunicativo y gramática, Actas del IX Congreso Internacional de ASELE,* Universidad de Santiago de Compostela, págs. 791-796.

- ARGÜELLES, I. (1998), "La lectura en L2: ¿un medio o un fin?", *Frecuencia-L,* 8, págs. 34-37.

- ARTUÑEDO GUILLÉN, B. (1998), "Interacción lectura-escritura en la clase de ELE: leer para escribir, escribir para leer", *Frecuencia L,* 9, págs. 6-9.

- BALLESTER BIELSA, Mª P. (2000), "Actividades de prelectura: Activación y construcción del conocimiento previo", *Carabela*, 48, págs. 65-83.

Bibliografía específica

- BAUMANN, J. F. (1990), *La comprensión lectora. Cómo trabajar la idea principal en el aula*, Madrid, Visor.

- BELL, T. (2001), "Extensive Reading: Speed and Comprehension", *Reading Matrix*, 1 (1). Disponible en: http://www.readingmatrix.com/articles/bell/

- BELL, T. (1998), "Extensive Reading: Why? and How?", *The Internet TESL Journal*, vol. IX, 12. Disponible en: http://www.aitech.ac.jp/~iteslj/Articles/Bell-Reading.html

- BERNHARDT, E. N. y M. L. KAMIL (1995), "Interpreting relationships between L1 and L2 reading: Consolidating the linguistic interdependence hypotheses", *Applied Linguistics*, 16 (1), págs. 15-34.

- BLANCO IGLESIAS, E. (2005),"La comprensión lectora. Una propuesta didáctica de lectura de un texto literario", *Revista RedELE,* 3. Disponible en: http://www.sgci.mec.es/redele/revista3/blanco.shtml

- BLOCK, E. (1992), "See how they read. Comprehension monitoring of L1 and L2 readers", *TESOL Quarterly*, 26 (2), págs. 319-343.

- BLOCK, E. (1986), "The comprehension strategies of second language readers", *TESOL Quarterly*, 20, (3), págs. 463-494.

- CAIRNEY, T. H. (1992), *Enseñanza de la comprensión lectora,* Madrid, Ediciones Morata.

- CARRIEDO LÓPEZ, N. y ALONSO TAPIA, J. (1994), *¿Cómo enseñar a comprender un texto?*, Madrid, Ediciones de la Universidad Autónoma de Madrid, Cuadernos del ICE.

- CARREL, P. L. (1983), "Some issues in Studying Language Comprehension", *Reading in a Foreing Language,* 1, págs. 81-92.

- CARREL, P. L. (1984a), "Evidence of a Formal Schema in Second Language Comprehension", *Language Learning*, 34, págs. 87-112.

- CARREL, P. L. (1984b), "The effects of rhetorical organization on ESL readers", *TESOL Quarterly*, 18, págs. 441-469.

- CARREL, P. L. (1985), "Facilitating ESL reading by teaching text structure", *TESOL Quarterly,* 19, págs. 727-752.

- CARREL, P. L. (1987), "Content and formal schemata in ESL reading", *TESOL Quarterly,* 21, págs. 461-481.

- CASSANY, D. (2001), "Ideas para leer el periódico", *Mosaico,* nº 6, págs. 22-26. Disponible en: http://www.sgci.mec.es/be/media/pdfs/ensenar/Mosaico067.pdf
- COLL, C. (1983), "La construcción de esquemas de conocimiento en el proceso de enseñanza-aprendizaje", *Psicología genética y aprendizajes escolares,* Madrid, Siglo XIX, págs. 183-201.
- COLOMER, T. y CAMPS, A. (1996), *Enseñar a leer, enseñar a comprender,* Madrid, Celeste/M.E.C.
- DAVIS, C. (1995), "Extensive reading: an expensive extravagance?", *English Language Teaching Journal,* 49 (4), págs. 329-336.
- DAVIES, E. y WHITNEY, N. (1985), *Strategies for Reading,* Heinemann Educational Books.
- DUBOIS, M. E. (1991), *El proceso de la lectura: de la teoría a la práctica,* Buenos Aires, Aique.
- DENYER, M. (1998), *La lectura: una destreza pragmática y cognitivamente activa,* Madrid, Universidad Antonio de Nebrija.
- DENYER, M. (1998), *L de leer, Unidades didácticas de español lengua española,* Barcelona, Difusión.
- ELLEY, W. B., y MANGHUBAI, F. (1983), "'The effect of reading on second language learning", *Reading Research Quarterly,* 19 (1), págs. 53-67.
- ESCH, K. VAN (1989), "El papel de variables afectivas en la comprensión lectora del español como lengua extranjera", en T. Labrador Gutiérrez, R. Mª Sáinz de la Maza y R. Viejo García (Eds.), *Adquisición de lenguas: teorías y aplicaciones. Actas del VI Congreso Nacional de Lingüística Aplicada,* Santander, Servicio de Publicaciones de la Universidad de Cantabria, págs. 201-215.
- ESCH, K. VAN (1988), "La comprensión lectora del español como lengua extranjera: necesidades comunicativas, objetivos y métodos de enseñanza/aprendizaje", en *II Jornadas de didáctica del español como lengua extranjera,* Madrid, DGCC - Ministerio de Cultura, págs. 195-223.
- FERNÁNDEZ, M. C. (1995), "Materiales para la comprensión lectora", *Cuadernos Cervantes de la Lengua Española,* 2, págs. 36-40.
- FERNÁNDEZ, M. C. (1995), "Materiales para la comprensión lectora II", *Cuadernos Cervantes de la Lengua Española,* 3, págs. 24-28.

Bibliografía específica

- FERNÁNDEZ, S. (1993), *Leer: español lengua extranjera*, Serie Cuadernos de Roma, Roma, Embajada de España, Consejería de Educación.
- FERNÁNDEZ, S. (1991), "Competencia lectora o la capacidad de hacerse con un mensaje escrito", *Cable,* 7, págs. 14-21. Disponible en: http://www.sgci.mec.es/redele/revista3/fernandez.shtml
- FERNÁNDEZ, S. (1991), "Más allá del 'verdadero/falso'", *Cable,* 7, págs. 40-42.
- FERRERO, E. y GÓMEZ PALACIO, M. (Eds.) (1982), *Nuevas perspectivas sobre los procesos de lectura y escritura,* México, Siglo XXI.
- GONZÁLEZ FERNÁNDEZ, A. (2004), *Estrategias de comprensión lectora,* Madrid, Síntesis.
- GRABE, W. (1991), "Current developments in second language reading research", *TESOL Quarterly*, 25 (3), págs. 375-406.
- GRADMAN, H., y HANANIA, E. (1991), "Language learning background factors and ESL proficiency", *Modern Language Journal, 75* (1), págs. 39-51.
- GRELLET, F. (1981), *Developing Reading Skills. A Practical Guide to Reading Comprehension Exercises,* Cambridge, Cambridge University Press.
- HAFIZ, F. M. y TUDOR, I. (1989), "Extensive reading and the development of language skills", *English Language Teaching Journal*, 43, págs. 4-13.
- HERNÁNDEZ, Mª J. (1991), "Del pretexto al texto. La lectura en la enseñanza/aprendizaje de idiomas y su tratamiento en español como lengua extranjera", *Cable,* 7, págs. 9-13.
- HERNÁNDEZ, M. J. (1987), "Leer: ¿para qué y cómo?", *I Jornadas de Didáctica del Español como Lengua Extranjera*, Dirección General de Cooperación Cultural, Ministerio de Cultura, Madrid, (del 25 al 28 de septiembre de 1986, Las Navas del Marqués [Ávila]), págs. 117-127.
- HERNÁNDEZ MARTÍN, A. y QUINTERO GALLEGO, A. (2001), *Comprensión y composición escrita. Estrategias de aprendizaje*, Madrid, Síntesis.
- HERRERO FIGUEROA, A. (1999), "Lectura literaria y competencia intertextual. Criterios de selección del texto literario y de su transposición fílmica", en T. Jiménez Juliá, M. C. Losada Aldrey, J. F. Márquez Caneda y S. Sotelo Docío (Eds.), *El Español como Lengua Extranjera: enfoque comunicativo y gramática. Actas del IX Congreso Internacional de ASELE*, Santiago de Compostela, Universidad de Santiago de Compostela - ASELE, págs. 633-642.

- HOYT, L. (1999), *Revise, Reflect, Retell-Strategies for improving reading comprehension,* Portsmouth, N.H., Heinemann.
- HUI-WEN R. y LLOBERA, M. (1997), "Reflexiones sobre las estrategias didácticas de las tareas de lectura en la enseñanza de español como L2: ¿Fomentan la competencia lectora de los estudiantes?", en J. L. Otal, I. Fortanet y V. Codina (Eds.), *Estudios de lingüística aplicada. Actas del XIII Congreso Nacional de Lingüística Aplicada*, Castelló de la Plana, Publicacions de la Universitat Jaume I, Col·lecció Summa Filologia, nº 8, págs. 391-404.
- IMEDIO, G. (1997), "Función y revalorización de la lectura en clase de E/LE", *Frecuencia-L,* 6, págs. 25-29.
- JOHNSTON, PETER H. (1989), *La evaluación de la comprensión lectora (un enfoque cognitivo),* Madrid, Visor.
- KEMBO, J. (1993), "Reading: Encouraging and Maintaining Individual Extensive Reading", *English Teaching Forum*, 31 (2), págs. 36-38.
- KIERAS, D. E. (1984), *New Methods in Reading Comprehension Research*, Nueva Jersey, Hillsdale, Lawrence Elrbaum Association.
- LERNER, I. (2000), "El placer de leer: lecturas graduadas en el curso de ELE", en M. Franco Figueroa *et al.* (Eds.), *Nuevas perspectivas en la enseñanza del español como lengua extranjera. Actas del X Congreso Internacional de ASELE*, Cádiz, Universidad de Cádiz, págs. 401-408. Disponible en: http://www.ub.es/filhis/culturele/lerner.html
- MARTÍN, A. B. (1999), "El micro relato literario, más allá de la comprensión lectora", *Frecuencia L,* 10, págs. 12-14.
- MIÑANO, J. (1991), "Enredos de familia y estrategias lectoras" *Cable,* 7, págs. 33-35.
- MIÑANO, J. (1989), *La comprensión lectora: estrategias y ejercicios en el aula de E/LE,* Memoria de Master, Universidad de Barcelona.
- MOLINA, M. J. y GARCÍA-VIÑÓ, M. (1998), "La lectura extensiva como apoyo del programa del curso en la clase de E/LE", *Frecuencia-L,* 7, págs. 32-33.
- NARANJO, M. (1998), *La poesía como instrumento didáctico en el aula de E/LE*, Madrid, Edinumen.
- NATION, P. (1997), "The Language Learning Benefits of Extensive Reading",

Bibliografía específica

Jalt Journal. Disponible en: http://www.jaltpublications.org/tlt/files/97/may/benefits.html

- ORTEGA MORENO, J. C. (2000), "La comprensión lectora: estrategias y técnicas", *Frecuencia L,* nº 14, págs. 17-20.

- ORTEGA RIZO, Y. (1999), *Metodología para comprensión de lectura en español y en lengua extranjera,* México, Porrúa.

- PARAN, A. (1996), "Reading in EFL: facts and fictions", *English Language Teaching Journal,* 50 (1), págs. 25-34.

- PROWSE, P. (2002), "Top Ten Principles for Teaching Extensive Reading: A response", *Reading in a Foreign Language,* 14 (2). Disponible en: http://nflrc.hawaii.edu/rfl/October2002/discussion/prowse.html

- ROBB, L. (1994), *Reading strategies that work,* Nueva York, Scholastic.

- ROMERO PÉREZ, J. F. (2001), *Prácticas de Comprensión Lectora. Estrategias para el aprendizaje,* Madrid, Alianza Editorial.

- SAN MATEO, A. (2001), "Lecturas graduadas en español. Análisis detallado de las colecciones más relevantes y utilizadas en la enseñanza del ELE", *Cuadernos Cervantes,* 32, págs. 32-40.

- SAMUELS, S. J. y FARSTRUP, A. E. (Eds.) (1992), *What research has to say about reading instruction,* Newark, DE, International Reading Asso.

- SALAZAR GARCÍA, V. (1994), "La comprensión lectora en la enseñanza comunicativa del ELE: modelos y actividades", en S. Montesa Peydró y A. Garrido Moraga (Eds.) *Español para extranjeros: didáctica e investigación. Actas del Segundo Congreso Nacional de ASELE,* Málaga, págs. 157-167.

- SINGHAL, M. (2001), "Reading Proficiency, Reading Strategies, Metacognitive Awareness and L2 Readers", *Reading Matrix,* 1 (1). Disponible en: http://www.readingmatrix.com/articles/singhal/

- SILBERSTEIN, S. (1994), *Techniques and resources in teaching reading,* New York, Oxford.

- SMITH, F. (1982), *Reading,* Cambridge, Cambridge University Press.

- SMITH, F. (1983), *Comprensión de la lectura,* México, Trillas.

- SOLÉ, I. (1992), *Estrategias de lectura,* Barcelona, Graò.

- STOREY, P. (1997), "Examining the test-taking process: a cognitive perspective on the discourse cloze test", *Language Testing*, 14, nº 2, págs. 214-231.
- SWAFFAR, J. y otros (1991), *Reading for meaning. An integrated approach to language learning*, Prentice-hall, Inc.
- SWAN, M. (1986), *Inside Meaning. Proficiency reading comprehension*, Cambridge, Cambridge University Press.
- SWEENNY, G. (1991), "La lengua materna en la lectura de grupos monolingües", *Cable,* 7, págs. 21-24.
- TENA TENA, P. (2004),"Antología de (pre)textos para escribir en clase", *Revista RedELE,* nº 1. Disponible en:
http://www.sgci.mec.es/redele/revista1/tena.shtml
- The Reading Matrix: an international on line journal. Disponible en: http://www.readingmatrix.com. Publica dos números anuales con artículos sobre diferentes temas relacionados con la comprensión lectora en L2.
- TRENCHS, M. (1999), "La comprensión textual en una segunda lengua: aproximaciones teóricas y líneas de investigación actuales", en J. de las Cuevas y D. Fasla (Eds.), *Contribuciones al estudio de la Lingüística Aplicada*, Logroño, AESLA, págs. 197-204.
- VALENCIA, A. (1996), "Evaluación de la comprensión lectora", *Revista de Estudios de Adquisición de la Lengua Española* (REALE), nº 5, págs. 85-105.
- VAN ESCH, K. (1988), "La comprensión lectora en español: teoría y práctica", *Hispanorama*, 47, págs. 86-94.
- VAN ESCH, K. (1988), "La comprensión lectora del español como lengua extranjera: necesidades comunicativas, objetivos y métodos de enseñanza/ aprendizaje", *II Jornadas de Didáctica del Español como Lengua Extranjera*, Dirección General de Cooperación Cultural, Ministerio de Cultura, Madrid, (del 22 al 27 de septiembre de 1987, Las Navas del Marqués [Ávila]), págs. 195-223.
- VV. AA. (1999), *Comprensión lectora y memoria operativa. Aspectos evolutivos e instruccionales,* Barcelona, Paidós.
- VV. AA. (1991), Dossier dedicado a la comprensión lectora, *Cable,* 7.
- VV. AA. (2000), La comprensión lectora en el aula de ELE, *Carabela*, 48.
- WOOD, R. (1993), *Assessment and Testing*, Cambridge, Cambridge University Press.

unidad 1

La vida de Jose

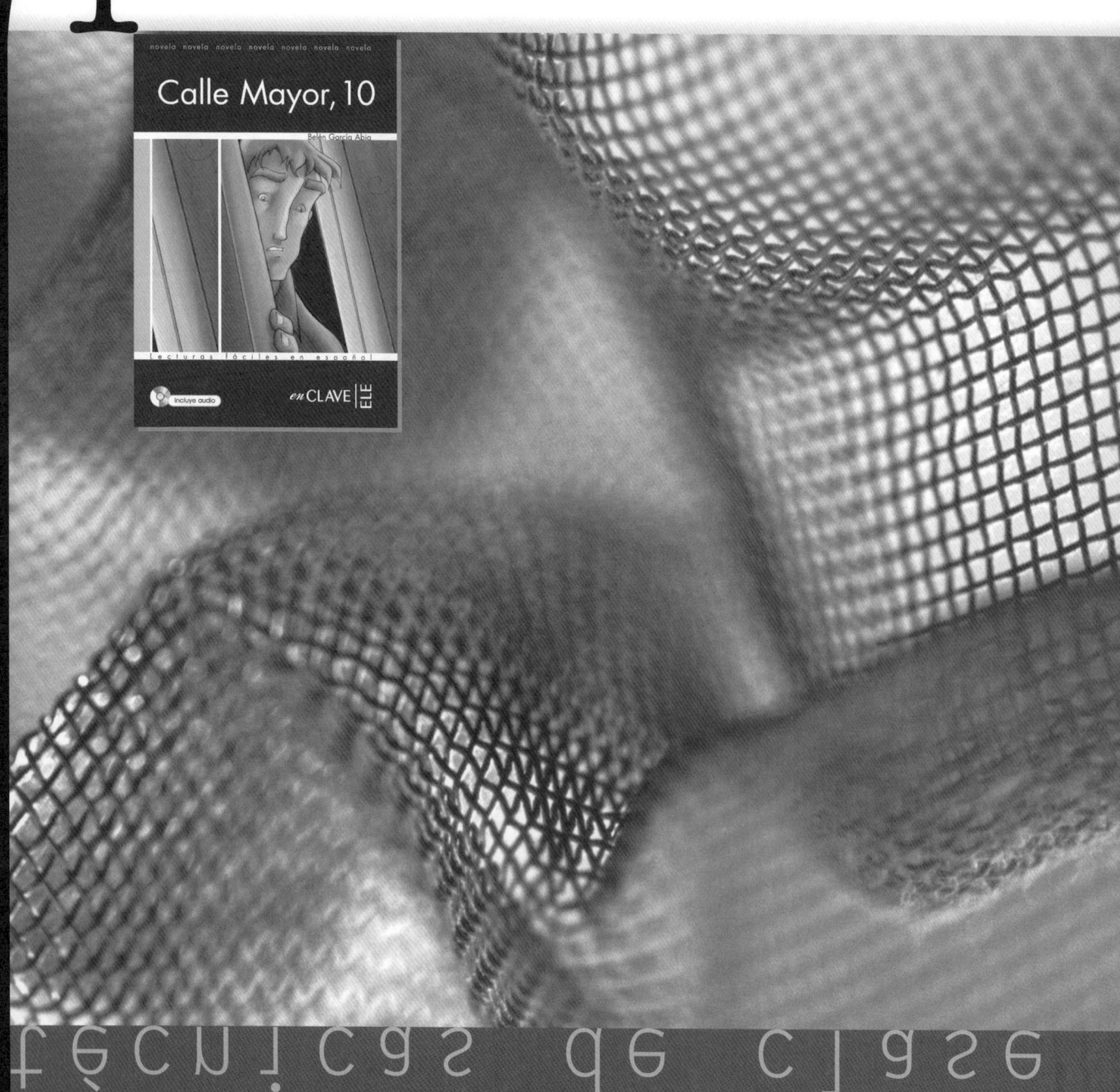

técnicas de clase

Lecturas en la clase

Lectura:
GARCÍA ABIA, B. (2005), *Calle Mayor, 10*. Madrid: enCLAVE-ELE/CLE International.

Técnicas:
Pre-lectura: activar y/o generar el conocimiento previo necesario a partir de:
- una tormenta de ideas;
- la búsqueda de información específica para completar una tabla;
- la descripción de situaciones habituales en la cultura de origen del alumno, para después contrastarlas con las de la L2.

Post-lectura: afianzar la comprensión del texto y los nuevos conocimientos adquiridos especulando sobre el "espacio en blanco" entre dos textos.

Actividades de lengua implicadas:
Pre-lectura: comprensión de la lectura y expresión oral.
Post-lectura: expresión escrita.

Tipo de agrupamiento:
Pre-lectura: trabajo individual y gran grupo.
Post-lectura: trabajo individual.

Nivel: A2.

Las técnicas y el texto:
- La peculiaridad de esta unidad es que se articula en torno a la explotación de dos textos no consecutivos de la misma novela. En este sentido, las actividades de post-lectura propuestas pueden amoldarse a otros textos seleccionados de la misma manera.
- En cuanto a las actividades que se presentan en la sección de pre-lectura, son fácilmente adaptables a otros textos en los que se describa una ciudad y el tipo de vida que se hace en ella.

Desarrollo de la unidad:
Para llevar a cabo las actividades de pre-lectura, los alumnos pueden buscar información sobre Madrid en cualquier buscador de Internet. El profesor también puede proporcionarles material real sobre la ciudad: una guía turística de la ciudad, mapas, folletos, etc.

Material en línea de utilidad:
- Página del Ayuntamiento de Madrid: http://www.munimadrid.es
- La ciudad de Madrid: http://www.descubremadrid.com
- Actividades culturales sobre Madrid: http://www.accioneducativa-mrp.org
- Transportes en Madrid: http://www.ctm-madrid.es

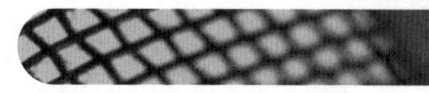

ACTIVIDADES de pre-lectura

1. **¿Conoces Madrid? ¿Qué ideas te sugiere esta ciudad? Completa el siguiente mapa conceptual:**

MADRID

Comida típica:
Cocido madrileño

De compras:
El Rastro

Museos:

Equipos de fútbol:

Monumentos:
Plaza Mayor

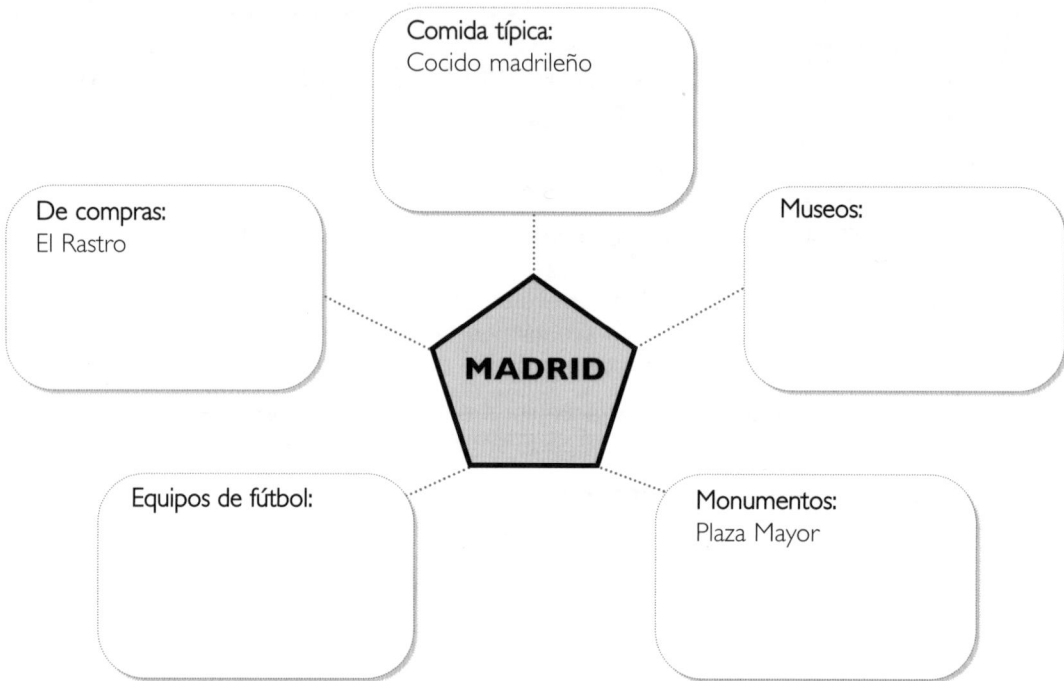

2. **A continuación, completa la siguiente ficha:**

COMUNIDAD AUTÓNOMA DE MADRID

Población: 5.804.000 habitantes.
Extensión: 8.028 km².
Clima: ....
....
Monumentos:
....
....
Capital: Madrid.
Población de la capital:
....
Fiestas locales:
....
....

Lecturas en la clase | **Unidad 1**

3. **Vas a leer dos textos no consecutivos que pertenecen a la misma novela y que se desarrollan en la ciudad de Madrid. Antes, responde a estas preguntas:**

   a. ¿Cómo crees que es la vida en Madrid? ¿Frenética, bulliciosa, estresante? ¿Apacible, tranquila, reposada?
   _____
   _____
   _____

   b. ¿En qué aspectos piensas que es diferente a la vida en otros sitios?
   _____
   _____
   _____

   c. ¿En qué aspectos crees que es diferente al sitio donde tú vives?
   _____
   _____
   _____

4. **La vida en la gran ciudad se vuelve más pausada en domingo. ¿Qué haces tú los domingos? Coméntalo con tus compañeros.**

   - ¿Leer el periódico dominical?
   - ¿Pasear por el parque?
   - ¿Ver exposiciones?
   - ¿Ir al cine?
   - ¿Tomar el aperitivo?
   - …

   Ejemplo: Los domingos, suelo levantarme más tarde que habitualmente, desayuno y leo el periódico, … _____
   _____
   _____
   _____
   _____
   _____
   _____

unidad 1 — La vida de Jose

LECTURA

Texto 1

Me llamo Jose: ni José, ni Pepe. Jose, con el acento en la o. Así es como me gusta. Tengo 32 años, cumplidos en mayo. Soy guía turístico, aunque no tengo la licencia, así que trabajo por mi cuenta. Consigo clientes, pocos, pero los suficientes como para vivir en Madrid.

Madrid me gusta; al fin y al cabo es la ciudad en la que nací, vivo y me gano la vida. Nací en Vallecas, a dos pasos del estadio del Rayo, equipo al que sigo con devoción. Mi barrio no es bonito, desde el punto de vista arquitectónico. Supongo que su magia reside en la gente: esa familiaridad con la que te reciben en los bares o en las tiendas. Tiene mucho en común con un pueblo de Zamora al que suelo escaparme de vez en cuando. Es un pueblo tranquilo, de apenas veinte casas, en el que los vecinos comparten lo poco que tienen.

Me gustaría enseñar mi barrio a los extranjeros que me contratan, pero ellos prefieren el centro con los monumentos: la Plaza Mayor, la Cibeles o la plaza de España. A veces, cuando el grupo es pequeño les invito a perderse por el mercado de San Miguel y, a continuación, por las calles próximas a la Calle Mayor; mi zona preferida.

Ser guía turístico es un trabajo de gran responsabilidad. Creo que la imagen que trasmitimos es la que los viajeros se llevan a sus países de origen. Por esa razón, me lo tomo con calma y con dedicación. Muestro el Madrid que más me gusta, los lugares que me encanta recorrer; las tabernas, los callejones, las calles, los parques, los edificios que hay que pararse para admirar. En Madrid la gente no suele pararse a mirar nada; las prisas, el trabajo, las compras llevan a los madrileños a seguir un ritmo frenético, excepto los domingos. En los domingos Madrid se relaja. Se respira tranquilidad por toda la ciudad: ves a la gente pasear con las bicicletas por el Retiro, detenerse ante los títeres y los espectáculos callejeros. Otros prefieren ir al Rastro o aprovechan el día gratis de los museos para ver exposiciones. La ciudad se pone en funcionamiento, con un ritmo lento y pausado. Sobre la una se reúnen en un bar a tomar el vermú con la tapa de chorizo o de paella… Para mí, al igual que para muchos otros, el domingo va unido al periódico dominical. Dedico horas a leer los artículos y las columnas de mis escritores favoritos.

Texto 2

1   Salí de la pensión, fui andando hasta Embajadores y me subí al Circular (cuando tengo que pensar suelo subirme en este autobús; me gusta dar vueltas por Madrid). Cuando estaba llegando a Colón, me llamó Sara.

5   - Hola, Jose. Ya he conseguido hablar con Alemania.
    - Cuéntame. ¿Buenas noticias?
    - Al parecer, doña Carmen tiene una sobrina. Se llama Berta y vive en la sierra, en Hoyo de Manzanares.
    - ¿Tienes su número de teléfono?
10 - Sí, te lo mando por sms, porque no lo tengo ahora mismo delante, y así lo tienes apuntado.
    - Perfecto, Sara. Muchas gracias. Luego te llamo.
    - Hasta luego.

15 Me bajé del autobús y volví a casa dando un paseo. Necesitaba tranquilidad para llamar a Berta. Además, había sido un día muy difícil. Sobre las diez de la noche decidí llamarla. No era sencillo explicarle quién era yo y por qué la telefoneaba.
    - ¿Sí? –escuché al otro lado del teléfono.
20
    - Perdone, ¿es usted Berta? ¿La sobrina de doña Carmen Sanz? –le pregunté.
    - Sí, soy yo. ¿Le ha pasado algo?
    - No, no se preocupe –mentí. Tenía la esperanza de estar equivocado–, pero me gustaría hablar con usted. Soy Jose García, el guía turístico que ha contratado
25 su tía.
    - ¿Y para qué quiere hablar conmigo? Me está asustando.
    - No, solo quería comentarle algo que había notado en su tía –seguí mintiendo.
    - Yo soy correctora de textos y trabajo desde casa, así que, si no le importa, ¿podría usted subir aquí?
30 - Sí, claro.
    - Vivo en Hoyo de Manzanares. Hay un autobús directo desde el Intercambiador de Moncloa. Podemos quedar a las doce en el bar "El Cerrillo". Está a la entrada del pueblo. Pregunte por él, todo el mundo lo conoce –me explicó.
    - Perfecto, ahí estaré. Hasta mañana, y no se preocupe –mentí de nuevo.

unidad 1 — La vida de Jose

ACTIVIDADES de comprensión de la lectura

1. **¿Qué monumentos y lugares de la ciudad de Madrid se mencionan en los textos que has leído?**
   _____
   _____

2. **A continuación, responde a las siguientes preguntas sobre ellos:**

   a. ¿Cuáles están en el centro? . . . .
   b. ¿Qué tienen en común Embajadores y Colón? . . . .
   c. ¿Cómo va a ir Jose a Hoyo de Manzanares? . . . .
   d. Vallecas es: ☐ un barrio   ☐ un monumento
   e. El Rayo es un equipo: ☐ de fútbol   ☐ de música
   f. El Retiro es: ☐ un parque   ☐ una autopista

3. **Ahora, contesta a las siguientes preguntas sobre los textos:**

   TEXTO 1
   a. ¿Qué piensa Jose de Vallecas?
   _____

   b. ¿Qué tipo de vida hace la gente en Madrid diariamente?
   _____

   c. ¿Qué hacen los madrileños en domingo?
   _____

   TEXTO 2
   d. ¿Cómo ayuda Sara a Jose?
   _____

   e. ¿Por qué quiere hablar Jose con Berta?
   _____

   f. ¿Dónde quedan Jose y Berta?
   _____

ACTIVIDADES de post-lectura

1. **Lee esta frase de Jose en el texto 2:**
   Además, había sido un día muy difícil.

   ¿Qué le ha pasado a Jose en el día de hoy? ¿Qué puede haber cambiado en su vida desde que se presenta hasta que llama a Berta? En definitiva, ¿qué crees que ha ocurrido entre los textos 1 y 2?

2. **Vas a escribir tu versión de lo que le ha ocurrido a Jose. Primero, piensa en lo que sabes de él:**
   ¿A qué se dedica?
   ¿Qué tipo de vida lleva?
   ¿Te parece un tipo normal?

3. **Ahora, intenta desvelar las siguientes incógnitas, pensando en posibles explicaciones:**

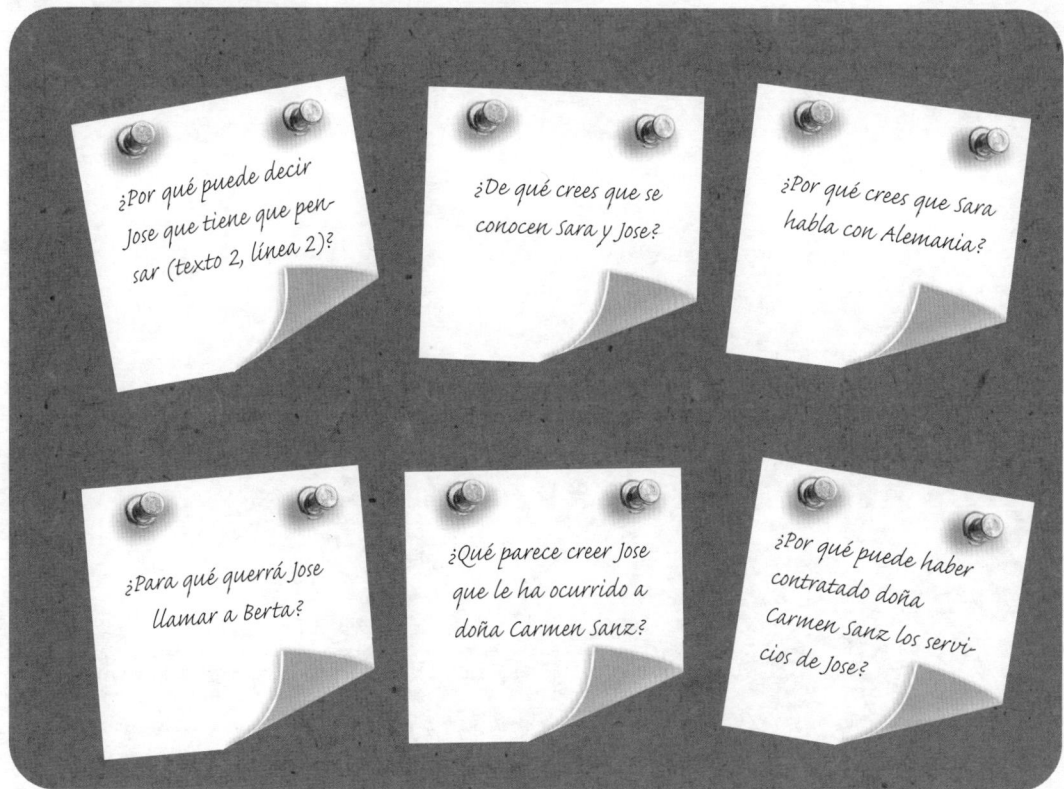

- ¿Por qué puede decir Jose que tiene que pensar (texto 2, línea 2)?
- ¿De qué crees que se conocen Sara y Jose?
- ¿Por qué crees que Sara habla con Alemania?
- ¿Para qué querrá Jose llamar a Berta?
- ¿Qué parece creer Jose que le ha ocurrido a doña Carmen Sanz?
- ¿Por qué puede haber contratado doña Carmen Sanz los servicios de Jose?

4. **Por último, escribe tu historia. Recuerda que debes escribirla en primera persona. Puedes empezarla así:**
   Un día, me llamó mi amiga Sara y me dijo…

Gente poco corriente

unidad 2

Juan Ignacio Superman
Cecilia Pisos

en CLAVE ELE
LECTURAS EN ESPAÑOL FÁCIL

técnicas de clase

Lecturas en la clase

Lectura:
PISOS, C. (2005), *Juan Ignacio Superman*. Madrid: enCLAVE-ELE/CLE International.

Técnicas:
Pre-lectura: activar y/o generar el conocimiento previo necesario a partir de:
- una adivinanza;
- la definición de conceptos y la discusión sobre el significado de los mismos;
- una predicción.

Post-lectura: afianzar la comprensión del texto y los nuevos conocimientos adquiridos a partir de la elaboración de un cómic sobre el texto.

Actividades de lengua implicadas:
Pre-lectura: comprensión de la lectura e interacción oral.
Post-lectura: expresión escrita.

Tipo de agrupamiento:
Pre-lectura: trabajo individual y gran grupo.
Post-lectura: trabajo individual.

Nivel: A2.

Las técnicas y el texto:
- La elaboración de un cómic a partir de un texto es una técnica amena y divertida que permite potenciar las capacidades de comunicación de los alumnos. Es importante seleccionar un texto que tenga las características más adecuadas para transformarlo en imágenes: que esté escrito en presente, que relate una serie de acciones, etc.
- El texto de esta unidad puede servir al profesor como punto de partida para familiarizar al estudiante con el español de Hispanoamérica y compararlo con el español peninsular.

Desarrollo de la unidad:
- Tras la actividad 2 de pre-lectura, se puede proponer a los alumnos que hagan una puesta en común sobre sus conocimientos de héroes y superhéroes.
- Tras la elaboración de los cómics en la sección de post-lectura, el profesor puede organizar una competición para ver cuál es el cómic más fiel al texto original.

Material en línea de utilidad:
- Información sobre Superman y otros superhéroes: http://es.wikipedia.org
- Diccionarios y glosarios de palabras argentinas: http://www3.unileon.es/dp/dfh/jmr/dicci/010.htm (español@internet, por José R. Morala).

unidad 2 — Gente poco corriente

ACTIVIDADES de pre-lectura

1. ¿Quién soy? Adivina qué personaje se esconde detrás de estas frases:

- *Hago el bien.*
- *Nadie debe saber a qué me dedico.*
- *Llevo un traje ajustado de colores vivos.*
- *Lucho contra los villanos.*
- *En mi pasado, ocurrió algo triste que me ha hecho como soy.*
- *Tengo superpoderes como rayos láser y oído ultrasónico.*
- *No soporto la kryptonita.*

Lecturas en la clase | **Unidad 2**

2. a. ¿Qué es para ti un héroe? Con tu compañero, discute las siguientes definiciones:

Un héroe es alguien que…

…hace cosas imposibles para la mayoría.

…tiene superpoderes.

…vive para ayudar a los demás.

…no tiene miedo.

…hace bien todo lo que se propone.

b. Ahora, escribe tu propia definición de héroe:

Un héroe es ... _____

_____
_____
_____
_____

c. De acuerdo con tu definición de héroe, escribe el nombre de alguien que consideres un héroe o una heroína:

_____
_____
_____

3. El texto que vas a leer trata de un *superhéroe*. ¿Quién crees que será y qué crees que hará? Haz una hipótesis a partir de las siguientes propuestas:

Una adolescente		hacerse invisible		salva a una viejecita.
Un niño		viajar en el tiempo		encuentra unas joyas robadas.
Un bombero	que puede	leer las mentes	y	evita un asesinato.
Una científica		volar		detiene una invasión marciana.
Un periodista		trepar por las paredes		apaga un gran fuego.

unidad 2 — Gente poco corriente

LECTURA

Juan Ignacio Superman, héroe del barrio

1   Juan Ignacio Superman sale tempranito para la escuela colgado del portafolios de su mamá. Pasan delante de sus ojos y como en un sueño, las filas de palmeritas de la panadería, el local del zapatero, todos los títulos de los diarios de la esquina y los colores rabiosos de las flores que venden en el puestito de la avenida.

Trotando por la vereda, mediodormido, con un alfajor en la mano y la mochi a la espalda, Juan Ignacio Superman piensa que los desayunos deberían ser más largos. Y también las noches.

10 Juan Ignacio Superman ya se ha descolgado del portafolios de su mamá y ahora camina, unos pasos atrás, revisando las figus que lleva en el bolsillo del guardapolvo. Por eso es que no ve a los chicos del micro escolar que lo señalan desde las ventanillas, ni lo distraen las manzanas que se escapan corriendo de la frutería. Por eso, también, pienso, es que en principio, no ve el peligro que se aproxima a la tierna viejecita que con muchísimo cariño alimenta a las palomas del parque, que ahora, justamente, Juan Ignacio Superman está por cruzar con su mamá.

20 Por fin, solo a unos pasos de la ancianita, Juan Ignacio Superman detecta con sus oídos ultramásquesónicos la presencia cercana de un supervehículo de dos ruedas que se aproxima a la dulce y desprevenida anciana. Y con su visión de rayos recontraláser calcula que tiene tiempo de intervenir y salvarla. Entonces, le dice a su mamá, mientras le tira la mochila:

—Teneme un cachito, que ya vengo.

Y corre hacia el vecino tobogán del sector de los juegos para niños. Sube denodadamente la escalera y se tira. Cuando llega abajo, ya no es Juan

30   Ignacio Superman sino Superman a secas. En un segundo, vuela hasta la escena del peligro. Con una mano, corre a la viejecita del sendero y con la otra hace señas para que el supervehículo de dos ruedas se detenga.

¡Y lo consigue! Por algo es Superman.

35

La mamá lo mira llena de orgullo pero no alcanza a decirle nada porque Superman corre nuevamente hacia el tobogán, se sube, se tira y el que baja con el guardapolvo planchadito como cuando salió de casa es otra vez Juan Ignacio Superman.

40

Ya totalmente despierto, le tira de la campera a su mamá, que quedó como petrificada en el suelo, y le dice:

45   —Vamos, mami, que si no llegamos tarde.

2 Gente poco corriente

ACTIVIDADES de comprensión de la lectura

1. Ahora que has leído el texto, ¿habías acertado en la predicción que hiciste en la actividad 3 de pre-lectura? Elige ahora la combinación correcta. Busca en el texto información que justifique tu elección.

   _____
   _____
   _____
   _____

2. Ordena estas escenas según aparecen en el texto:

   a. Juan Ignacio sale corriendo hacia un tobogán del parque mientras su mamá le cuida la mochila.

   b. Juan Ignacio camina distraído detrás de su mamá hacia el parque. En él, una viejecita está dando de comer a las palomas.

   c. Vestido de Superman, Juan Ignacio sale volando del tobogán hacia donde está la ancianita.

   d. Juan Ignacio baja las escaleras del tobogán vestido de niño que va al colegio.

   e. Juan Ignacio ve cómo una moto se acerca hacia la viejecita.

   f. Juan Ignacio le tira de la chaqueta a su mamá para que vayan al colegio.

   g. Juan Ignacio y su mamá pasan delante de las tiendas de camino al colegio.

   h. Juan Ignacio saca a la viejecita del camino y para a la moto haciendo gestos con la mano. Su mamá mira la escena con admiración.

3. Juan Ignacio es un niño argentino; por eso, utiliza palabras y expresiones propias de esa variedad del español. Busca en el texto las palabras que corresponden a estas definiciones en español peninsular:

   a. Medio de transporte colectivo que lleva a los niños al colegio.

   b. Bata de tela ligera que se usa para preservar la ropa de polvo y manchas.

   c. Chaqueta de uso informal y deportivo.

   d. Golosina o dulce hecho con almendras.

Lecturas en la clase | **Unidad 2**

ACTIVIDADES de post-lectura

1. **Vas a convertir el texto que has leído en un cómic. No te preocupes si crees que no dibujas bien y sigue las siguientes pautas:**

   ### INSTRUCCIONES PARA ELABORAR UN CÓMIC

   1. Para dividir la acción en escenas, puedes utilizar la propuesta de la actividad 2 de comprensión de la lectura.

   2. Ahora debes caracterizar a tus personajes: puedes escoger entre los siguientes objetos y atributos y añadir los que creas necesarios:
      - pelo blanco
      - leotardos azules
      - mochila
      - casco
      - orejas grandes
      - capa roja
      - bastón
      - coleta
      - bolsa con migas de pan

Juan Ignacio	Su madre	La viejecita	El joven de la moto
_____	_____	_____	_____
_____	_____	_____	_____
_____	_____	_____	_____

   3. A continuación, piensa en lo que dicen los personajes. En cada viñeta, debes incluir un bocadillo con una frase o interjección. Te proponemos las siguientes interjecciones:

      ¡Ahhhhhh! (bostezo)
      ¡Ooooooooh! (admiración)
      ¡Ay! (dolor)
      ¡Uffffff! (alivio)

   4. Divide una hoja en blanco en ocho recuadros. En cada uno de ellos dibuja una escena de tu cómic. Seguramente deberás volver a leer el texto para completar las escenas con detalles.

   5. Ahora que ya está terminado, presenta tu cómic a tus compañeros.

unidad 3

Hogar, dulce hogar

Los tres chanchitos que habían leído "los tres chanchitos"
Cecilia Pisos

enCLAVE ELE
LECTURAS EN ESPAÑOL FÁCIL

TÉCNICAS DE CLASE

Lecturas en la clase

Lectura:
PISOS, C. (2005), *Los tres chanchitos que habían leído "Los tres chanchitos".* Madrid: enCLAVE-ELE/CLE International.

Técnicas:
Pre-lectura: activar y/o generar el conocimiento previo necesario a partir de la presentación del léxico característico y de la estructura de los cuentos tradicionales, en particular, el de *Los tres cerditos*.

Post-lectura: afianzar la comprensión del texto y los nuevos conocimientos adquiridos a partir de la elaboración de un cuento.

Actividades de lengua implicadas:
Pre-lectura: comprensión de la lectura e interacción oral.
Post-lectura: expresión escrita.

Tipo de agrupamiento:
Pre-lectura: trabajo individual y gran grupo.
Post-lectura: trabajo individual.

Nivel: A2.

Las técnicas y el texto:
Los cuentos infantiles, por su brevedad, sencillez y su componente cultural, tienen un gran potencial didáctico. Las actividades propuestas en las secciones de pre-lectura y post-lectura de esta unidad se pueden adaptar a la explotación de cualquier otro cuento tradicional.

Desarrollo de la unidad:
- Es importante que los estudiantes no tengan acceso alguno al texto hasta la actividad 3. La finalidad de las actividades de pre-lectura no es llegar a una respuesta común, sino activar el conocimiento previo necesario; por ello, no debería ser un problema que surgieran distintas versiones de *Los tres cerditos*, sino todo lo contrario.
- La actividad de post-lectura está basada en una idea extraída de RODARI, G. (1991) *Gramática de la Fantasía*. Barcelona. Aliorna.

Material en línea de utilidad:
- Diccionarios en línea: http://www.rae.es; http://clave.librosvivos.net

unidad 3 — Gente poco corriente

ACTIVIDADES de pre-lectura

1. **Los siguientes personajes protagonizan cuentos tradicionales muy conocidos. ¿Puedes decir cuáles?**

   El hada madrina: ....

   Los enanitos: ....

   La abuelita: ....

   El carpintero: ....

   El príncipe azul: ....

   La madrastra: ....

   El emperador: ....

   El flautista: ....

2. a. **En esta unidad, vas a leer una interpretación peculiar del cuento tradicional *Los tres cerditos*. Responde a las siguientes preguntas acerca de la versión que conoces:**

   ¿Quiénes son los personajes principales?

   ¿Qué ocurre en este cuento?

   ¿Cuál es la moraleja de este cuento?

   b. **Pon en común tus resultados con el resto de la clase.**

Lecturas en la clase | **Unidad 3**

3. **Une las palabras y expresiones de la izquierda con sus correspondientes definiciones:**

El cerdito…	…son los materiales con los que los tres cerditos construyen sus casitas.
El lobo…	…es lo que dice el Lobo Feroz antes de atacar a los cerditos.
Paja, madera y ladrillos…	…es un cerdo pequeño, un animal de granja; en algunos países de Hispanoamérica se le llama chanchito.
«Soplaré y soplaré, y la casa derribaré»…	…es un animal salvaje, muy dañino para el ganado. En los cuentos, al lobo se le llama el Lobo Feroz.
La chimenea…	…es el tubo por donde sale el humo del fuego del hogar. Suele estar situada en el techo de las casas.

4. **Ahora lee la versión de Cecilia Pisos y compárala con la información que has recopilado en las actividades 1 y 2. ¿Qué diferencias encuentras?**

_____
_____
_____
_____
_____
_____

3 Gente poco corriente

LECTURA

Los tres chanchitos que habían leído "Los tres chanchitos"

1   En un viejo libro que Doña Chancha les leía todas las noches a sus hijos, se contaba la historia de tres chanchitos que vivían con su mamá y que, cuando crecieron, decidieron construirse cada uno su propia casa.
    Un buen día los chanchitos, que ya eran medio chanchotes, decidieron hacer como en
5   el cuento.
    —Adiós, adiós, madre —le dijeron con pañuelos e ilusiones, mientras se alejaban por el caminito de piedra de su viejo hogar.
    Estuvieron andando por un buen rato hasta que llegaron a un claro del bosque donde el camino se dividía en tres: a la playa, a la montaña, al bosque vecino.
10 —Que cada uno vaya por su lado —dijo el mayor— y después nos mandamos las direcciones por correo electrónico.
    El chanchito que fue hacia la playa pronto llegó a la orilla del mar. E inmediatamente dibujó en la arena los planos de su castillo. Con la ayuda de unos chicos que estaban de vacaciones por ahí, poco después estaba instalado en el balcón de su castillo de
15 arena. Recostado en su reposera, bajo la sombrilla, con visera y juguito en mano, se puso a mirar una competencia de *windsurf*.
    —¡Uauuu! ¡Qué rápido viene ese hacia la orilla! Parece que... ¡se me viene encimaaaa!
    Por suerte, en un segundo, pudo tirarse al foso de su castillo, lleno de patitos de goma.
20 Cuando se levantó, vio que su castillo estaba prácticamente en ruinas. Ya estaba a punto de decirle de todo al surfista, cuando se dio cuenta de que se trataba del Lobo Feroz.
    Entonces, como recordaba la historia, salió corriendo, sin detenerse a buscar su balde y su palita. Y no paró hasta llegar a la casa de uno de sus hermanos.
25 Mientras, al lobo, lo agarraron los chicos de la playa y lo sacudieron tanto que terminaron desinflándolo. Sí, era un lobo de playa, no se olviden.
    El segundo hermano estaba terminando de construir en la cima de la montaña una casita de cubos de madera.

Era una casa tan asombrosa que muchos especialistas de todas partes del mundo se habían acercado a verla: había arquitectos, ingenieros, magos, científicos y curiosos.

Al chanchito le faltaba un cubo para terminar su hogar.

—¿Me alcanzan uno? —pidió, sin mirar hacia abajo.

¡Para qué! Uno de los curiosos estaba disfrazado de curioso pero, en realidad era el Lobo Feroz. Y justo fue él quien le alcanzó un cubo, pero no uno de la caja sino uno de la base de la casa. Así que cuando el chanchito estaba a punto de ubicarlo en el techo, toda la construcción se vino abajo, con chanchito, escalera y cubos.

Entre los montones de cubos, quedaron frente a frente el chanchito y el Lobo Feroz.

El chanchito se acordó del cuento, sacó a su hermano de los escombros y lo arrastró como pudo hasta el camino, sin detenerse a guardar los cubos en la caja.

Mientras, al lobo lo agarraron los verdaderos curiosos y le agregaron unos cuantos chichones a los que ya le habían salido por el derrumbe de la casa.

Los chanchitos no pararon de correr hasta que llegaron al bosque vecino, donde el otro hermano estaba terminando su edificio de ladrillitos de plástico.

—Vengan chicos, si quieren les alquilo un departamentito a cada uno: todos son con vista al Árbol Mágico.

Los hermanos aceptaron y cada uno se dedicó esa tarde a decorar su casa. A la noche, fueron todos al departamento del mayor. Y estaban a punto de cenar, cuando sonó el timbre.

—¿Quién es? —preguntaron por el portero eléctrico.

—Soy el representante de Compucasas, juegos para diseñar casas con la computadora — contestó el Lobo Feroz con voz de vendedor.

A los chanchitos les pareció medio raro todo pero no pudieron con su genio: lo que más les gustaba en la vida era hacer casitas. Entonces, abrieron la puerta.

El vendedor entró y les ofreció hacer una demostración en la computadora.

—Miren qué belleza, qué maravilla —dijo, cuando estaba por poner la chimenea al hermoso chalet que había dibujado en la pantalla.

Entonces, el hermano mayor recordó de pronto el cuento de su mamá y lo amenazó:

—Pondré mi pata en la tecla de borrar y tu casita desaparecerá.

El Lobo Feroz se abrazó al teclado y salió corriendo, con el monitor detrás, como un pesado perro gris.

Ese día tampoco tuvo suerte en la casa de los siete enanos. Después de lo que le pasó a Blancanieves con la bruja, ya no le abren la puerta a ningún extraño.

unidad 3 — Gente poco corriente

ACTIVIDADES de comprensión de la lectura

1. **Ordena las siguientes escenas según ocurren en el texto:**

   a   b   c   d

2. **Esta es una lista de palabras sacadas del texto con uno de sus posibles significados. ¿Es ese el significado expresado en el texto? Si no, ¿cuál es el significado correcto?**

   Vecino (línea 9): persona que vive en nuestro mismo edificio.

   _____

   Sacudir (línea 25): agitar fuertemente un objeto.

   _____

   Curioso (línea 30): persona que se queda mirando cuando ocurre algo en la calle.

   _____

   Genio (línea 52): ser mágico que normalmente vive dentro de una botella y concede deseos.

   _____

   Monitor (línea 59): parte del ordenador donde está la pantalla.

   _____

3. **Busca en el cuento palabras usadas en Hispanoamérica que signifiquen lo mismo que:**

   Hamaca: _____

   Zumo: _____

   Competición: _____

   Apartamento: _____

   Ordenador: _____

50 técnicas de clase

Lecturas en la clase | **Unidad 3**

ACTIVIDADES de post-lectura

1. **A continuación, vas a escribir tu propia versión actualizada de un cuento tradicional. ¿Conoces el cuento de *Caperucita Roja*? Imagina que Caperucita y su abuelita viven en una gran ciudad, por ejemplo, Madrid, y responde a las siguientes preguntas:**

    1. ¿Cómo llegaría Caperucita a casa de la abuelita?
        a. En metro.
        b. En autobús.
        c. Haciendo autostop.

    2. ¿Cómo sería la casa de la abuelita?
        a. Un chalet adosado en las afueras.
        b. Un piso antiguo en el centro.
        c. Un *loft*.

    3. ¿Cómo intentaría abordarla el lobo?
        a. Haciéndose pasar por turista perdido.
        b. Ofreciéndose a ayudarle con las bolsas de la compra.
        c. Disfrazándose de abuelita desamparada.

2. **En base a estas respuestas, escribe tu versión de *Caperucita Roja*.**

«Érase una vez...

... y fueron felices y comieron perdices.»

51

unidad 4

Querido amigo

Técnicas de clase

Lecturas en la clase

Lectura:
Texto adaptado de GARRIDO, M. (2005), *Misterio en Santiago de Chile*. Madrid: enCLAVE-ELE/CLE International.

Técnicas:
Pre-lectura: activar y/o generar el conocimiento previo necesario:
- respondiendo a las preguntas de un cuestionario;
- describiendo y comentando impresiones visuales y contrastándolas con la realidad propia del alumno.

Post-lectura: afianzar la comprensión del texto y los nuevos conocimientos adquiridos escribiendo a un amigo.

Actividades de lengua implicadas:
Pre-lectura: comprensión de la lectura, interacción y expresión oral.
Post-lectura: expresión escrita.

Tipo de agrupamiento:
Pre-lectura: trabajo individual y en parejas.
Post-lectura: trabajo individual.

Nivel: A2.

Las técnicas y el texto:
La siguiente unidad parte de la comprensión de una carta a un amigo desde Santiago de Chile como excusa didáctica para trabajar los diferentes tipos de comunicación escrita (cartas, correos electrónicos, *chats*, mensajes SMS, etc.) Se propone la identificación de los componentes de la carta y su comparación con otros tipos de mensajes escritos.

Desarrollo de la unidad:
- Las fotografías de la actividad 2 de pre-lectura corresponden al centro de negocios de Santiago de Chile y al Palacio de la Moneda en la Plaza de la Constitución.
- Sugerimos que el profesor complemente las actividades de post-lectura llevando a clase muestras reales de otros tipos de comunicación escrita.

Material en línea de utilidad:
- Información sobre la República de Chile: http://es.wikipedia.org
- Información turística sobre Chile: http://www.sernatur.cl

unidad 4 — Querido amigo

ACTIVIDADES de pre-lectura

1. **¿Qué tal se te da la geografía? Responde a las siguientes preguntas, con ayuda de Internet.**

    1. ¿Cuál es la cordillera montañosa más larga del mundo?

        a. Los Alpes.
        b. Los Andes.
        c. Las Montañas Rocosas.

    2. ¿De dónde viene el nombre de América?

        a. De un tal Américo Vespucio.
        b. De una ocurrencia de Cristóbal Colón.
        c. Del nombre del barco de los primeros vikingos que llegaron a "América".

    3. ¿Qué idioma se habla en la República de Chile?

        a. Guaraní.
        b. Español.
        c. Portugués.

    4. ¿Con cuál de estos países no limita Chile?

        a. Argentina.
        b. Perú.
        c. Estados Unidos.

    5. ¿Qué es el Manquehue?

        a. Un lago.
        b. Un volcán.
        c. Una montaña.

técnicas de clase

Lecturas en la clase | **Unidad 4**

2. Ahora vas a leer una carta escrita desde Santiago de Chile. Mira estas fotos de la ciudad y descríbeselas a tu compañero, usando las palabras y expresiones que vienen a continuación:

a la derecha • a la izquierda • arriba • abajo • al fondo • en primer plano

3. ¿Dónde vives tú? Compara estas fotos con el sitio en el que vives. Te será útil el siguiente vocabulario:

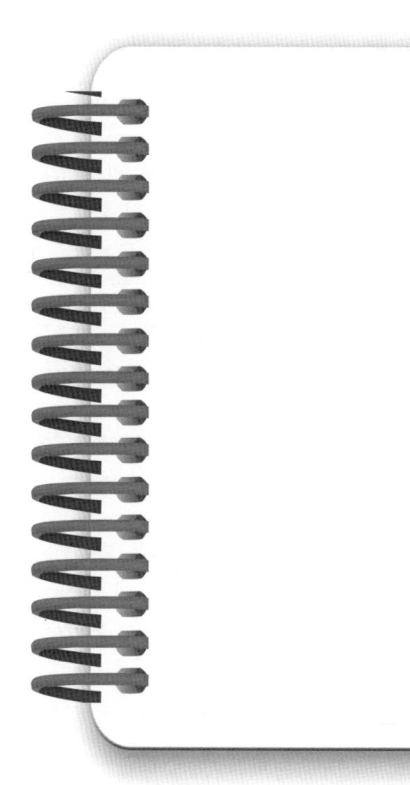

más / menos… que

tranquilo / bullicioso

urbano / rural

contaminado / limpio

moderno / antiguo

rico / pobre

…

4 Querido amigo

LECTURA

1   Santiago, 10 de septiembre

5   Querido Pepe:

Ya estamos en Santiago. Llegamos cansadísimos. Las chicas del grupo son encantadoras y Berta cada día me sorprende más, es la mujer más vital y divertida que conozco. Pero el viaje, ya lo sabes, es agotador. Dieciséis horas de vuelo matan a cualquiera.

10

Al salir del aeropuerto nos esperaba Santiago. ¿Qué sentimientos me esperaban a mí? ¿Sería tal como la recordaba? ¿Entraríamos por el centro o por el Manquehue? Olores, colores extraños y reconocibles a la vez. Me senté en el autobús y la ventanilla me absorbió totalmente. El pequeño autobús dejó
15   atrás el valle y comenzó a subir. La sombra del cerro Manquehue empezó a cubrirnos desde la derecha, casi amenazadora, como una inmensa puerta natural que escondía detrás la ciudad. Así la recordaba.

No te puedes imaginar lo que sentí en este momento, amigo. Vinieron a
20   mi mente los recuerdos de las calles arboladas de Vitacura, la moderni-

dad de los edificios de Apoquindo, las empanadas recién hechas en el *Cajón del Maipo*... Me parece que tendrás que soportar varias cartas de tu nostálgico amigo...

25 Entramos por *Américo Vespucio* a uno de los barrios más cuicos de la ciudad. Mientras, iba contando a las chicas datos de la ciudad, mis sentimientos y ocurrencias. Se mostraban sorprendidas, como siempre que un europeo viaja a Latinoamérica por primera vez. Creo que se imaginaban algo mucho más pobre, no sé, menos moderno, más exótico... La verdad es que
30 esta entrada a Santiago es mucho más bonita que la del centro.

El hotel está muy bien, en la calle el *Bosque*, en pleno centro moderno de Santiago. Y Santiago está precioso. Es verdad que la primavera es la mejor época aquí; sopla una brisa agradable que lo limpia todo (al menos no
35 se ve esa nube de polución que suele cubrir el cielo en invierno). Estoy escribiéndote desde la cafetería del hotel que está en el piso quince. Tiene unos inmensos ventanales que dan a la *Cordillera*. El sol se está poniendo y tiñe de cobre las cumbres que aún tienen un poco de nieve. ¡Esta vista es un regalo! Todos miramos extasiados la puesta de sol.
40

Ojalá estuvieras aquí conmigo...

Un abrazo fuerte de tu amigo,
Manuel

unidad 4 — Querido amigo

ACTIVIDADES de comprensión de la lectura

1. **Contesta a las siguientes preguntas acerca de la carta que acabas de leer:**

   1. ¿Cuándo se escribe esta carta?
   2. ¿Quién es el remitente?
   3. ¿Quién es el destinatario?
   4. ¿Qué relación hay entre ellos?
   5. ¿Qué recuerda el remitente de sus anteriores estancias en Santiago de Chile?
   6. ¿Cómo se siente el remitente al volver a Santiago de Chile?

2. **Busca sinónimos para los siguientes adjetivos:**

   Agotador (línea 8): _____
   Reconocible (línea 13): _____
   Amenazador (línea 16): _____
   Inmenso (línea 16): _____
   Nostálgico (línea 22): _____
   Cuico (línea 25): _____

3. **¿Cuál es la ruta que siguen desde el aeropuerto? En parejas, marcadla en el mapa:**

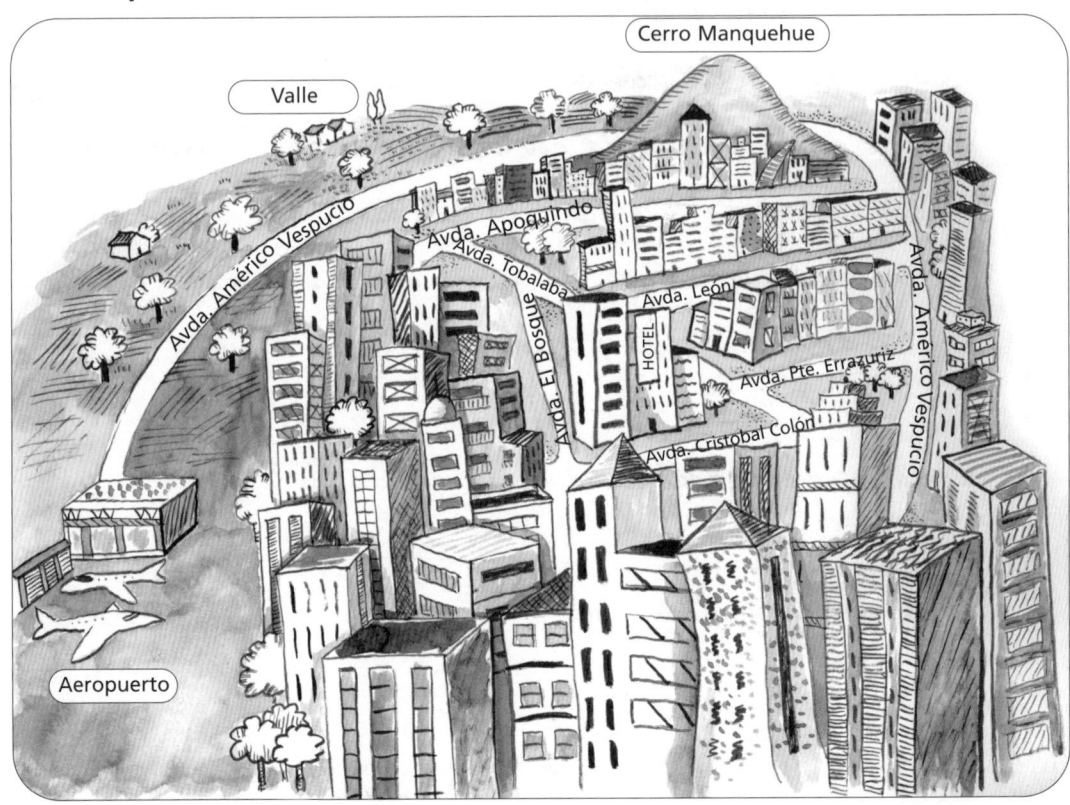

58 técnicas de clase

Lecturas en la clase | Unidad 4

ACTIVIDADES de post-lectura

1. **A continuación, vas a escribirle a un amigo o familiar. Piensa en lo que le vas a decir, respondiendo a las siguientes preguntas:**

    a. ¿Dónde estás tú?
    b. ¿Dónde está tu amigo o familiar?
    c. ¿Cuál es el motivo de tu estancia en ese sitio?
    d. ¿Estás con alguien más?
    e. ¿Qué te ha ocurrido recientemente?

2. **Puedes elegir entre las siguientes situaciones:**

    i. Estás en la sala de ordenadores de tu lugar de estudios o frente a tu mesa en tu lugar de trabajo y tienes un rato libre para ponerte en contacto con un amigo en otro continente.
    ii. Estás en la parada del autobús y tu amigo se retrasa.
    iii. Estás de vacaciones en la playa y quieres contarle a los amigos de tu barrio lo bien que te lo estás pasando.
    iv. Llevas quince días estudiando español en España y quieres escribir a tu abuelita.

4. **Ahora, ¿qué tipo de texto elegirás?**

    ○ una postal

    ○ un mensaje al móvil

    ○ una carta

    ○ un *chat*

    ○ un mensaje de correo electrónico

¡Qué rico!

unidad 5

Todos para una sopa
Cecilia Pisos
LECTURAS GRADUADAS
enCLAVE ELE

Técnicas de clase

Lecturas en la clase

Lectura:
PISOS, C. (2005), *Todos para una sopa.* Madrid: enCLAVE-ELE/CLE International.

Técnicas:
Pre-lectura: activar y/o generar el conocimiento previo necesario a partir de:
- una tormenta de ideas;
- ejercicios variados de léxico.

Post-lectura: afianzar la comprensión del texto y los nuevos conocimientos adquiridos:
- estimulando el debate en el aula sobre un tema de actualidad;
- a partir de la redacción de un poema libre.

Actividades de lengua implicadas:
Pre-lectura: comprensión de la lectura e interacción oral.
Post-lectura: interacción oral y expresión escrita.

Tipo de agrupamiento:
Pre-lectura: trabajo individual y gran grupo.
Post-lectura: trabajo en grupos.

Nivel: A2.

Las técnicas y el texto:
En esta unidad proponemos utilizar la lectura de Cecilia Pisos para familiarizar al estudiante con el español de Hispanoamérica y compararlo con el español peninsular; para estimular la escritura creativa; y para suscitar un debate en clase, a partir del mensaje que traslada la lectura del texto a los alumnos.

Desarrollo de la unidad:
- Como continuación de la actividad 3 de pre-lectura, proponemos la realización de un concurso de recetas. En parejas, los estudiantes tienen que utilizar el léxico que se propone en la actividad para escribir una receta. Gana la pareja que incluya la mayor cantidad de palabras propuestas.
- La actividad 1 de post-lectura tiene como objetivo estimular la conversación en el aula sobre la solidaridad. Se puede pedir a los estudiantes que busquen información para documentarse en las páginas en línea que se proporcionan a continuación y que preparen un debate.

Material en línea de utilidad:
Enlaces para leer artículos sobre la solidaridad: http://www.solidaridad.net/ y http://www.solidaridad.org/

unidad 5 — ¡Qué rico!

ACTIVIDADES de pre-lectura

1. a. ¿Qué te sugiere la siguiente ilustración? ¿De qué crees que trata la lectura de esta unidad?

   b. Pon en común tus ideas con tus compañeros.

2. El texto que vas a leer trata sobre la elaboración de una sopa. Busca diez nombres de productos alimenticios en la siguiente sopa de letras:

T	O	M	A	T	E	S	T	E	C
E	S	V	E	L	E	C	P	A	R
A	C	E	E	N	U	S	O	L	O
C	E	C	E	Y	J	S	L	B	B
H	B	E	R	T	U	C	L	A	A
O	O	T	U	H	I	L	O	A	R
R	L	C	U	I	S	V	E	R	R
I	L	P	I	M	I	E	N	T	O
Z	A	P	A	T	T	R	U	A	Z
O	E	B	U	R	T	D	D	E	R
W	E	R	G	D	S	U	A	L	A
F	U	J	S	E	R	R	A	S	B
U	A	I	R	O	H	A	N	A	Z
Q	U	E	S	O	S	E	I	L	A

técnicas de clase

Lecturas en la clase | Unidad 5

3. **¿Conoces el significado de las siguientes palabras que se emplean en Hispanoamérica?**

    El choclo
    Las papas
    El carozo
    El zapallo
    La arveja

    Relaciónalas con su equivalente en español peninsular:

    La calabaza
    Las patatas
    El guisante
    El hueso de la fruta
    El maíz

4. **Con los ingredientes de las actividades 2 y 3, ¿qué recetas puedes cocinar? Coméntalo con tus compañeros.**

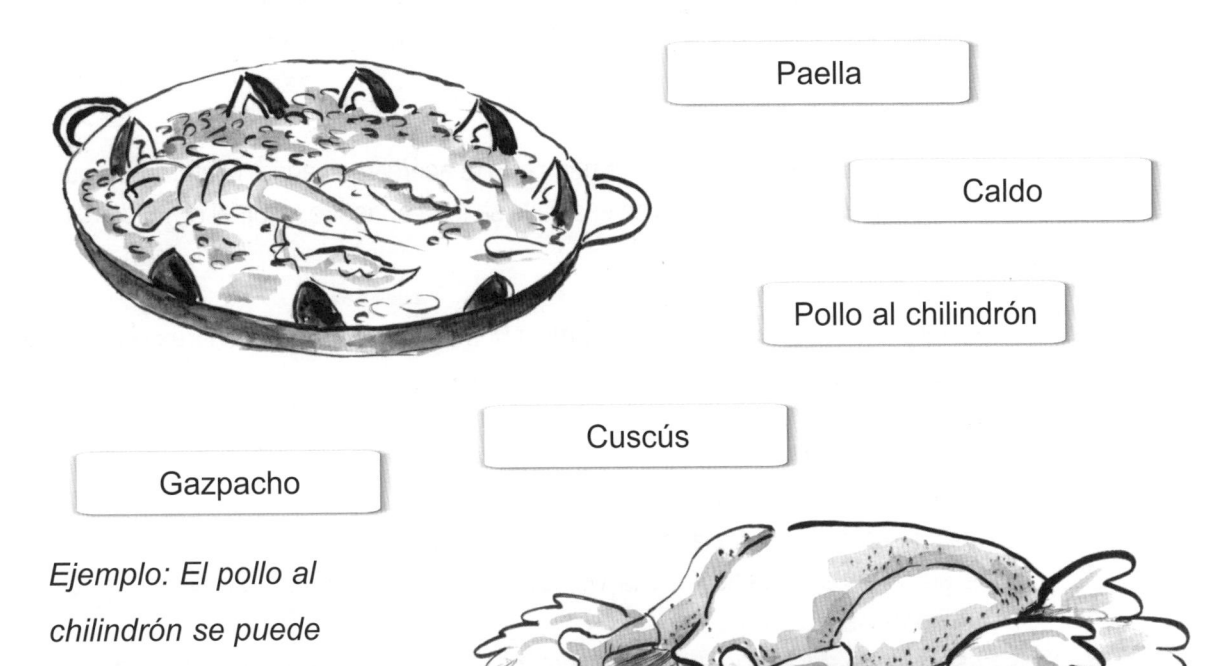

    Paella

    Caldo

    Pollo al chilindrón

    Cuscús

    Gazpacho

    Ejemplo: El pollo al chilindrón se puede cocinar porque tenemos pollo, tomate y pimiento.

5 ¡Qué rico!

LECTURA

"Todos para una sopa"
(Versión libre de un cuento popular belga)

1   Había una vez, hace muchos años, un soldado que volvía a casa luego del fin de la guerra.
Un día gris, frío y lluvioso llegó a un pequeño pueblo donde todo parecía estar dormido.
Golpeó la primera puerta que vio y preguntó:
—¿Habrá un caldito caliente
5   para un soldado valiente?
Se abrió una ventana y una vieja contestó:
—No tenemos nosotros
para darle al perro un hueso,
ni un pedazo de carozo
10 ni una miguita de queso.
El soldado golpeó en la siguiente casa:
—¿Habrá un caldito caliente
para un soldado valiente?
Esta vez se asomó una nenita:
15 —No hay ni caliente ni frío,
solo un montón de ceniza
y un poco de agua de río.
El soldado se sonrió y le pidió a la nena que le acercara el agua. Mientras, se puso a encender un flueguito. Las ventanas de esa calle se iban abriendo, al oír el olvidado ruido del fuego
20 de cocinar.
—¿Con qué va a llenar la olla?
¿Quiere una o dos cebollas? —le ofreció una señora que llegó con tres niños de la mano.
—Gracias, muy gentil señora:
tengo una piedra en la olla
25 que es mágica y hace sopa,
pero es mejor con cebolla.
—¿Le pone sal, don soldado?
Me gusta el caldo salado —y la viejecita de la primera puerta se acercó al fuego con un saquito de sal.
30 El soldado le agradeció y se puso a revolver el caldo con una cuchara de madera que le alcanzó la nena.
—Esta piedra hace una sopa

técnicas de clase

para chuparse los dedos
pero más rica saldría
35 con verduras de puchero.
Cuando oyeron esto, dos señoras que estaban a un costado sacaron de sus delantales un choclo y tres papas y una le dijo:
—Este pueblo está muy pobre
a la hora de la cena
40 pero siempre hay verdura
dormidita en la alacena.
El soldado se frotó las manos de contento y haciendo una reverencia explicó:
—La piedra sabe hacer sopa
para todo un regimiento:
45 ahora mismo los convido
con todo mi sentimiento.
A medida que la sopa se iba cocinando, había cada vez más gente a su alrededor. Algunos venían con algo para poner en el caldo; otros ya tenían puesta la servilleta y se acercaban con platos hondos y cucharas.
50 —Aquí tengo zapallito—
dijo un hombre muy bajito.
—Tome, soldado, un chorizo—
le dio otro más petiso.
El soldado recibió todavía más ingredientes:
55 —Unos tomates bien rojos,
tres zanahorias finitas,
el ala de un pollo tierno
y tres o cuatro arvejitas
completan ya la comida,
60 esperen dos minutitos
y la sopa estará lista.
Al cabo de dos minutos, el soldado comenzó a servir sopa a los vecinos del pueblo. La sopa alcanzó para que todos comieran su segundo plato. También el soldado se sirvió dos veces y, cuando vació la olla, tomó la piedra y la secó con un trapo. Todos se acercaron a mirarla. No parecía una piedra extraor-
65 dinaria pero la sopa había sido maravillosamente rica.
—Aquí les dejo mi piedra,
por haber sido tan buenos
con este pobre soldado
que se marcha hacia otro pueblo.
70 Los vecinos tomaron el regalo y se quedaron planeando cómo iban a hacer la sopa de piedra mágica del día siguiente.
El soldado caminó toda la tarde bajo la nieve. Al anochecer, llegó a una aldea de casas blancas. Antes de entrar, tomó una roca del camino. ¿Se imaginan para qué?

unidad 5 — ¡Qué rico!

ACTIVIDADES de comprensión de la lectura

1. Contesta a las siguientes preguntas acerca del texto:

1. ¿Quién es el protagonista de este cuento?

2. ¿Qué es lo que ocurre en este cuento?

3. ¿Con qué ingredientes se prepara la sopa?

4. ¿Es realmente mágica la piedra con la que hace el soldado la sopa?

5. ¿Cuál es la moraleja de este cuento?

2. Ahora busca en el texto los diminutivos de las siguientes palabras y escríbelos en el recuadro correspondiente:

- Caldo:
- Miga:
- Nena:
- Fuego:
- Saco:
- Dormida:
- Zapallo:
- Bajo:

3. A continuación busca en el cuento:

1. Palabras o expresiones que signifiquen *una parte de*: *un pedazo de*... ____

2. Objetos que se usan en la cocina: *cuchara de madera*... ____

3. Acciones que tengan que ver con la comida: *cocinar*... ____

técnicas de clase

Lecturas en la clase | **Unidad 5**

ACTIVIDADES de post-lectura

1. ¿Recuerdas la moraleja de este cuento? ¿Cuál es? ¿Puedes pensar en alguna otra situación en la que la cooperación de todos sea necesaria? Coméntalo con tus compañeros.

   - En tu aula
   - En tu comunidad
   - En tu país
   - En tu continente

2. Como habrás visto, parte del texto que has leído está escrito en verso. Ahora te proponemos que escribas tu propio poema "surrealista". Para ello tienes que seguir los siguientes pasos:

   ### INSTRUCCIONES PARA ESCRIBIR UN POEMA SURREALISTA

   1. Forma con tus compañeros un grupo de cuatro personas. A continuación seleccionad entre todos el tema sobre el que queréis que trate el poema. Puede ser alguno de estos:

      - La comida en tu casa.
      - La solidaridad.

   2. Después, sentaos alrededor de una mesa con un papel. En él escribiréis vuestro poema colectivo. Uno de vosotros comenzará un verso libre que trate del tema propuesto y doblará el papel en el que lo ha escrito, dejando ver la última palabra del verso. A continuación, se lo pasará a su compañero de la derecha, que escribirá otra frase a partir de la palabra que ha visto, y así sucesivamente hasta terminar la ronda.

   3. Por último, uno de vosotros desdobla el papel y lee en voz alta el poema. ¿A que es divertido?

unidad 6

Fiera muerte

técnicas de clase

Lecturas en la clase

Lectura:
PASTOR, T. y VAQUERO, N. (2005), *Fiera muerte*. Madrid: enCLAVE-ELE/CLE International.

Técnicas:
Pre-lectura: activar y generar el conocimiento previo necesario a partir de la generación y comprobación de hipótesis.

Post-lectura: afianzar la comprensión del texto y los nuevos conocimientos adquiridos escribiendo una historia.

Actividades de lengua implicadas:
Pre-lectura: expresión escrita e interacción oral.
Post-lectura: expresión escrita e interacción oral.

Tipo de agrupamiento:
Pre-lectura: trabajo individual, gran grupo y parejas.
Post-lectura: parejas, trabajo individual y gran grupo.

Nivel: B1.

Las técnicas y el texto:
La lectura que proponemos en esta unidad pertenece al género policíaco, y como tal, constituye un buen ejemplo de texto para trabajar técnicas como la predicción.

Desarrollo de la unidad:
- La historia que se pide en la actividad 1 de post-lectura debe tener entre 120 y 180 palabras.
- Sugerimos que el profesor explote, en la medida de lo posible, la relación entre la lectura y el clásico *La Vida es Sueño*, del que procede una de las frases del texto. Para ello remitimos al docente a algunas de las páginas web que se mencionan a continuación.

Material en línea de utilidad:
- Diccionarios en línea: http://www.rae.es; http://clave.librosvivos.net
- Biblioteca Virtual Miguel de Cervantes: http://www.cervantesvirtual.com (ver texto completo de *La Vida es Sueño*, de Calderón de la Barca)
- MARTÍNEZ, R. (2000), "Cuatro siglos soñando con la vida: Pedro Calderón de la Barca (1600-1681)", Revista *Tecla*, Consejería de Educación del Reino Unido e Irlanda. Disponible en: http://www.sgci.mec.es/uk/Pub/Tecla/2000/feb14a.html

unidad 6 — Fiera muerte

ACTIVIDADES de pre-lectura

1.

a. Lee las palabras que aparecen en el siguiente recuadro. ¿Conoces el significado de todas ellas? Con la ayuda de tu diccionario, selecciona aquellas palabras que, en tu opinión, tengan un nexo en común.

> Aplauso, minuto, joven, asesino, teatral, autopsia, círculo vicioso, rosa, testigo, alegría, cadáver, palabra, detective, retrato robot, forense, cambio.

b. A continuación, comenta tus resultados con el resto de la clase. ¿Cuál es el nexo en común?

_____
_____
_____

2.

a. En efecto, como has adivinado, el texto que leerás a continuación es la historia de un crimen. En ella, aparecen los siguientes personajes y ocurren las siguientes cosas:

personajes	acontecimientos
• El forense	• Alguien es asesinado
• La mujer del forense	• Alguien está triste
• La detective de la policía	• El forense dice: «Estás enferma»
• El ayudante del forense	• La vecina ayuda al forense
• La vecina cotilla	

b. En parejas, responded a las siguientes preguntas:

1. ¿Cuál podría ser la relación entre estos personajes?

2. En tu opinión, ¿Quién muere y quién está triste?

técnicas de clase

3. ¿Cómo podría ayudar la vecina al forense?

4. ¿A quién crees que se dirige el forense cuando dice: «Estás enferma»?

5. ¿Qué crees que pasa en esta historia?:

c. **Ahora, escribe aquí tus predicciones.**

_____
_____
_____
_____
_____
_____
_____
_____

3. **La siguiente frase la dice mujer del forense en el texto que vas a leer. ¿Qué crees que significa?**

> *Reprimamos esta fiera condición, esta furia, esta ambición.*

En realidad, esta frase está sacada de una obra muy famosa de la literatura española. Busca información en Internet y averigua de dónde procede.

_____
_____
_____
_____
_____

unidad 6

Fiera muerte

LECTURA

1   El forense y su ayudante se pusieron las batas, los guantes, las gafas de plástico. El ayudante había preparado todo con cuidado, como siempre, la cinta de grabación estaba a punto. Alguien entró empujando la puerta con fuerza.
    – ¡Querido, hola! He venido a verte, a ver si podíamos salir a tomar algo un momentito.
5   Era la mujer del forense, la profesora. [...]
    – Hola, no te esperaba– .El forense se quitó las gafas y los guantes y se acercó a su mujer para besarla en la mejilla.
    – Claro que no me esperabas, es una sorpresa, ¿no te alegras?
    – Sí, sí– el forense dijo sin ningún entusiasmo–. Pero tengo que terminar esto antes, si no
10 te importa.
    – ¿Quién es esta vez?– La mujer se acercó despacio hacia el cadáver más cercano; se inclinó ligeramente para ver su cara, con curiosidad morbosa.
    – No te acerques– el forense dijo con voz helada.
    – ¡Ah! Pero..., es tu amiga, ¿no?, la detective. ¿Qué ha pasado?
15 El ayudante intervino con tristeza:
    – Fue ayer por la noche. Al parecer el asesino la estaba esperando en su propia casa. Bueno, asesina.
    – ¡Asesina!
    – Sí– continuó el forense–. Dejó una carta la muy..., explicando la muerte de su anterior
20 víctima, dándose aires de superioridad. Riéndose de nosotros.
    Su ayudante y su mujer lo miraron, inquietos. Parecía que estuviera a punto de llorar.
    En ese momento el teléfono sonó. El ayudante contestó:
    – Sí, el doctor no puede subir en estos momentos– contestó mientras preguntaba con los ojos a su jefe–. Sí, claro, subiré yo. Enseguida voy, sí.
25 – Era de arriba– informó el ayudante tras colgar el teléfono–. Nos necesitan a uno de nosotros. Ya subo yo, jefe.
    – Sí, sube tú.
    El ayudante se quitó los guantes, las gafas y la bata y salió de la sala. Al salir de allí se sintió mejor porque no le gustaba ver así a su jefe, y mucho menos con su mujer delante.
30 El matrimonio siguió hablando en voz baja.
    – Querido, no te pongas así, sé que estarás muy afectado, era tu amiga– dijo la mujer del

forense alejándole de la detective–. ¿Por qué no dejas la autopsia a tu ayudante? Él sabe muy bien qué hacer.

– ¡No lo entiendes!– dijo el forense con angustia–. Lo tengo que hacer yo. Se lo debo. Después de tanto tiempo trabajando juntos, hablando...

Su mujer arrugó la frente y añadió:

– Incluso después de muerta… ¿Crees que no sé que te acostabas con ella?

– ¿Estás loca? ¿A qué viene eso? Nunca te gustó la detective… Sabes que solo éramos amigos, muy buenos amigos. Nada más. Estás enferma.

– No, no estoy enferma… Pero ahora ya no importa, ¿no crees?

El doctor se quedó boquiabierto y se apartó un poco de su mujer. ¿A qué venía todo esto? ¿Cómo podía pensar eso su mujer? Y esa sonrisa en su cara, ¿es que le alegraba la muerte de la detective?

Se oyó correr a alguien afuera, bajando las escaleras. El ayudante entró deprisa y gritó apoyándose en el marco de la puerta:

– ¡Jefe! Buenas noticias. Al parecer hay una testigo del asesinato, una cotilla del edificio de enfrente lo vio todo. Llamó esta mañana casi llorando, decía no sé qué de una hija. Es increíble, pero vio a la asesina con toda claridad. Ahora mismo, en el despacho de arriba, están haciendo el retrato robot de la asesina. ¡Ya la tenemos! Subo otra vez para ver cómo va todo.

El doctor se volvió hacia la pared y respiró con fuerza, intentando no dejarse llevar por las lágrimas. Su mujer se había quedado completamente quieta, congelada. Miraba al suelo. Sus hombros se hundieron primero con ira, luego con resignación. Levantó la vista con lentitud hacia la detective y sonrió amargamente:

– Quién lo iba a decir, una estúpida vecina..., tanto esfuerzo para que una cotilla lo eche todo a perder.

El forense se giró para mirarla. En su cara se reflejaba el asombro, la imposibilidad de creer algo que sospechaba cierto. ¿Todo por unos estúpidos celos? ¿Su mujer? ¿La detective, por qué? ¿La muerte de la otra chica? Era imposible, no podía ser… Ahora iban a traer el retrato… Con el retrato sabría. La mujer se acercó al cadáver, le acarició el rostro con suavidad y empezó a recitar con dulzura:

– Es verdad; reprimamos esta fiera condición, esta furia, esta ambición. Soñé que de vosotros me vengaba, y que solo a un hombre amaba... Feliz tú, la muerte te ha vencido. La mía vendrá pronto. Fuera se oyeron otra vez pasos acelerados, muchas personas bajaban corriendo las escaleras. Era el fin de la historia. Los cómo los había aclarado la vecina de la detective. Los porqués, aunque la mujer los había intentado disimular queriendo parecer una asesina en serie, habían demostrado hasta dónde pueden llegar los celos. Los celos y los sueños.

unidad

6 Fiera muerte

ACTIVIDADES de comprensión de la lectura

1. **¿Recuerdas tus respuestas a las preguntas de la actividad 2 de pre-lectura? ¿Habías acertado en tus predicciones? Ahora responde a estas preguntas, justificando tus respuestas con información del texto:**

   1. ¿Dónde se desarrolla la acción?

   2. ¿Quién ha sido asesinado? ¿Dónde?

   3. ¿Quién es el asesino? ¿Por qué ha cometido el asesinato?

   4. ¿Quién está triste por esa muerte? ¿Por qué?

   5. ¿A quién se dirige el forense cuando dice: «Estás enferma»? ¿Por qué?

   6. ¿Cómo ayuda la vecina al forense?

2. **Explica con tus propias palabras las siguientes expresiones sacadas del texto:**

   1. Estar a punto (línea 2):

   2. Darse aires de superioridad (línea 20):

   3. Quedarse boquiabierto (línea 41):

   4. Echar a perder (línea 54):

74 técnicas de clase

Lecturas en la clase | **Unidad 6**

ACTIVIDADES de post-lectura

1. a. **La historia que has leído pertenece al género policíaco. Lee la siguiente definición:**

   > Género policíaco: conjunto de obras literarias o cinematográficas cuyo tema es la búsqueda del culpable de un delito.

   b. **¿Qué elementos hay en una historia policíaca? Con tu compañero, elige los que creas de la siguiente lista:**

   > Cotilla, criminal, policía, celos, ambición, comisaría, investigación, sospechoso, bata, guantes, gafas de plástico, arrestar.

2. **Con la lista que acabas de hacer y la de la actividad 1 de pre-lectura, tienes vocabulario para escribir tu propia historia de un crimen. En primer lugar, debes elegir entre escribirla a partir de un principio o a partir de un final.**

   Elige entre estos posibles principios:
   a. Mi ayudante me llamó a las cinco de la mañana. «Tienes que venir a ver esto»- dijo.
   b. «No lo hagas»- dije.

   Elige entre estos posibles finales:
   a. Menos mal, la pesadilla había acabado.
   b. El caso quedó sin resolver.

3. **Ahora, sigue estos pasos para escribir tu historia:**

   1. Para obtener ideas sobre las que escribir, haz una tormenta de ideas con lo que te sugiere el principio o el final que has elegido.
   2. Intenta seleccionar y clasificar tus ideas. Los siguientes apartados te pueden ayudar: *¿quién?, ¿dónde?, ¿cuándo?, ¿por qué?, ¿cómo?*
   3. Organiza tus ideas siguiendo este esquema: introducción, párrafos centrales y conclusión. Probablemente, dos párrafos centrales sean suficientes, pero tendrás que considerar diferentes posibilidades según organices tus ideas.
   4. Ya puedes empezar a escribir tu historia. Intenta crear suspense y captar la atención del lector dando giros inesperados o dotando a tus personajes de características inusuales.

4. **Cuenta tu historia al resto de la clase. Entre todos, elegid la que os guste más.**

unidad 7
Una historia de desamor

Con la sartén por el mango

técnicas de clase

Lecturas en la clase

Lectura:
TORRES, R. y VAQUERO, N. (2005), *Con la sartén por el mango*.
Madrid: enCLAVE-ELE/CLE International.

Técnicas:
Pre-lectura: activar y generar el conocimiento previo necesario a partir de:
- ejercicios de antónimos y redes semánticas;
- la generación y comprobación de hipótesis.

Post-lectura: afianzar la comprensión del texto y los nuevos conocimientos adquiridos escribiendo la continuación de la historia.

Actividades de lengua implicadas:
Pre-lectura: comprensión de la lectura.
Post-lectura: expresión escrita e interacción oral.

Tipo de agrupamiento:
Pre-lectura: trabajo individual.
Post-lectura: trabajo individual y gran grupo.

Nivel: B1.

Las técnicas y el texto:
Como en la unidad 1, presentamos la lectura tres fragmentos no consecutivos de una novela, esta vez de intriga. Proponemos que los estudiantes los lean al revés, es decir, empezando por el último de los fragmentos y terminando con el primero. Nuestra intención es que los estudiantes generen hipótesis y las vayan comprobando durante el proceso de comprensión lectora de una manera poco habitual, pero creemos que igualmente eficaz.

Desarrollo de la unidad:
- Para que las actividades de comprensión de lectura y generación de hipótesis sean más efectivas, conviene que los estudiantes vean solo el fragmento con el que están trabajando, y no los siguientes.
- Tras la actividad 2 de post-lectura, los estudiantes pueden preparar un póster con su versión final de la historia y colgarlo en la pared del aula.

Material en línea de utilidad:
- Diccionarios en línea: http://www.rae.es; http://clave.librosvivos.net

7 Una historia de desamor

ACTIVIDADES de pre-lectura

1. **El texto que vas a leer a continuación es un fragmento de la novela *Con la sartén por el mango*. ¿Cuál es el significado de la expresión «tener la sartén por el mango»? Elige entre las siguientes posibilidades:**

    a. Entrometerse o intervenir en asuntos ajenos.

    b. Sostener una sartén por la parte indicada para ello.

    c. Tener el poder.

    d. Hacer una macedonia de frutas tropicales.

2. **Con la ayuda de tu diccionario, averigua el significado de los siguientes adjetivos que aparecen en el texto:**

    Decadente (fragmento 1, línea 12): . . . .

    Necio (fragmento 3, línea 5): . . . .

    Ignorante (fragmento 3, línea 6): . . . .

    Abandonado (fragmento 3, línea 10): . . . .

    Perdido (fragmento 3, línea 10): . . . .

3. **Las palabras que aparecen a continuación también están en el texto. Clasifícalas en estas dos columnas, según expresen sentimientos positivos o negativos:**

    - modestia
    - indiferencia
    - cordialidad
    - seguridad
    - odio
    - celos
    - dolor
    - superioridad
    - madurez
    - plenitud
    - admiración

SENTIMIENTOS POSITIVOS	SENTIMIENTOS NEGATIVOS

técnicas de clase

4. **Esta frase es la última del texto que vas a leer a continuación. Léela y piensa qué crees que ha pasado. Lo vas a averiguar poco a poco.**

«Antes de que el guardia se quitara su gorra y saludara y comenzara a contarle el motivo de su visita, el escriba ya sabía que habían encontrado un coche estrellado en alguna carretera de Almería: un reluciente modelo rojo, descapotable, con una decadente escritora de novelas de éxito en su interior, muerta».

unidad 7 — Una historia de desamor

LECTURA

1. Lee el fragmento 1, que realmente es el último del texto, y responde a las siguientes preguntas:

1. ¿Qué sabes de Marcelo Santos?

2. ¿Dónde están los agentes y Marcelo?

3. ¿Cuál es motivo de la visita de los agentes?

Fragmento 1

1   Una mañana de agosto, cuando el joven escriba ya había comenzado su nueva novela, una pareja de la Guardia Civil llamó a la puerta de la casita encalada que Helena San Martín y Marcelo compartían, cada vez con menos frecuencia, en un tranquilo pueblecito de la Axarquía
5   malagueña.
   – ¿Marcelo Santos?– preguntó el más joven de los agentes.
   Marcelo asintió mientras se ponía una camiseta de algodón blanco, que se humedeció enseguida al contacto con su cuerpo moreno, recién salido de la piscina. Antes de que el guardia se quitara su gorra
10 y saludara y comenzara a contarle el motivo de su visita, el escriba ya sabía que habían encontrado un coche estrellado en alguna carretera de Almería: Un reluciente modelo rojo, descapotable, con una decadente escritora de novelas de éxito en su interior, muerta.

2. ¿Cuál crees que es la relación entre Marcelo y Helena? Llega a un acuerdo con tu compañero y después comprueba si habéis acertado en la siguiente página.

Unidad 7

3. **Ahora lee el fragmento 2 (que va antes del fragmento 1) y responde a las siguientes preguntas:**

   1. ¿Qué opinan la crítica y el público de la novela de Helena San Martín?
   _____
   _____

   2. ¿Quién es el verdadero autor de la novela?
   _____
   _____

   3. ¿Cómo se siente Helena ante la traición?
   _____
   _____

Fragmento 2

1   Y la novela se vendió, la novela se colocó en lo más alto, la novela creció más que ninguna de las anteriores. En los programas televisivos, en las tertulias radiofónicas, en las revistas literarias, todos estaban de acuerdo: era la obra suprema de Helena San Martín. La cumbre, la cima, su obra de madurez, la plenitud. La
5   novelista, como siempre, asentía, sonreía, se dejaba halagar. Con un estudiado aire de falsa modestia, acudía a los actos. Con indiferencia, con cordialidad, con aprendida seguridad.
    Pero Helena San Martín percibió que algo era diferente a otras veces: aquellas fabulosas críticas, aquella admiración que parecía sincera, ¡todo el mundo había
10 leído la novela!, todo el mundo sabía de lo que hablaba menos ella. Así que no tuvo más remedio que leerla, y entonces se dio cuenta de que algo se había roto: su escriba ya no estaba a su servicio, Marcelo la había superado, Marcelo la había vendido. Su escriba la había traicionado. [...]
    Y el odio, palabra que la autora no había conocido nunca, y los celos, dolor que
15 nunca había padecido se instalaron en su vida. Comenzó a distanciarse de su escriba, que ahora la miraba desde el pedestal de su superioridad recién adquirida, sintiéndose, por fin, con la sartén por el mango.

4. **¿Por qué ha traicionado Marcelo a Helena? Llega a un acuerdo con tu compañero y después comprueba si habéis acertado en la siguiente página.**

7 Una historia de desamor

5. Por último, lee el fragmento 3, que en realidad es el primero de todos, y responde a las siguientes preguntas:

1. ¿De qué trata la novela del fragmento 2?
2. ¿Por qué la escribe Marcelo?
3. ¿Qué etapas pasa la relación de Marcelo y Helena?

Fragmento 3

1   Una historia nueva comenzó a crecer en el interior del escriba. Marcelo sentía dentro de sí el crecimiento lento, pero imparable de una verdad. Como una mala hierba que invadía un jardín descuidado, la verdad empezó a cubrir el alma de Marcelo. Aumentaba despacio, con todo el tiempo del mundo por delante. Con el alimento que
5   le procuraban la indiferencia de Helena San Martín, y los aplausos del público necio, ignorante de la verdad. Marcelo sentía la necesidad de contarle a todos cómo se sentía. […]
    Lloró en silencio muchas noches, esperó el reconocimiento de su verdad, pero nunca llegó. Se decepcionó ante el incumplimiento de la promesa que le había hecho la auto-
10 ra: «haremos que tu nombre salga a la luz». Y abandonado, y perdido, comenzó a escribir la historia de su vida, por ver si, escribiéndola, se encontraba a sí mismo en ella.
    La situó en jardines exóticos en el centro de una ciudad mediterránea, en cruceros por los fiordos noruegos, en ambientes de lujo y riqueza. En definitiva, con todos los ele-
15 mentos característicos de su obra, o por mejor decirlo, de la obra de Helena San Martín. Detalló punto por punto y con una exactitud cercana al documental todos los aspectos de su vida con Helena San Martín: cómo se conocieron, cómo la amó, cómo la autora comenzó a explotar la capacidad del escriba para imitarle, cómo el éxito les llegaba como algo que les pertenecía por derecho, y cómo cada vez que una de sus
20 novelas se elevaba al podio de los superventas, el escriba odiaba más a la novelista, en la medida en que amaba más a sus obras.
    Incluso en la novela se permitió el lujo de matar a la creadora: la despeñó por un acantilado de la Costa Brava, borracha de daiquiris, en el último modelo de coche deportivo "coupé" del mercado. Todo en la mejor tradición de la novela negra, como si fuera
25 un accidente.

6. Recapitulando, ¿qué ocurre en esta historia? Elabora un breve resumen.

Lecturas en la clase | **Unidad 7**

ACTIVIDADES de post-lectura

1. **¿Cómo crees que continúa la historia? Elige entre estas dos posibles continuaciones y usa tu imaginación para escribir el final:**

   El agente de la Guardia Civil preguntó a Marcelo: «¿Se encuentra usted bien? Le veo muy pálido...»
   ....
   ....
   ....
   ....
   ....
   ....
   ....
   ....
   ....
   ....

   Cuando Marcelo publicó su nueva novela bajo su verdadero nombre...
   ....
   ....
   ....
   ....
   ....
   ....
   ....
   ....
   ....
   ....
   ....

2. **Ahora contrasta tus textos con los de tus compañeros y entre todos, elegid la propuesta más interesante.**

unidad 8

Ya vienen los Reyes Magos

técnicas de clase

Lecturas en la clase

Lectura:
MOLINA, I. (2005), *Libertad condicional*. Madrid: enCLAVE-ELE/CLE International.

Técnicas:
Pre-lectura: activar y generar el conocimiento previo necesario a partir de:
- una tormenta de ideas;
- ejercicios de léxico;
- la comparación de tradiciones, hábitos y costumbres entre L1 y L2.

Post-lectura: afianzar la comprensión del texto y los nuevos conocimientos adquiridos escribiendo un diálogo teatral y representándolo.

Actividades de lengua implicadas:
Pre-lectura: comprensión de la lectura, expresión escrita e interacción oral.
Post-lectura: expresión escrita.

Tipo de agrupamiento:
Pre-lectura: trabajo individual y gran grupo.
Post-lectura: trabajo individual.

Nivel: B1.

Las técnicas y el texto:
El texto elegido para esta unidad versa sobre la Navidad en España. Nuestra propuesta de actividades permite que los estudiantes accedan a los contenidos socio-culturales de la L2 y en contraste con los esquemas socioculturales de su L1.

Desarrollo de la unidad:
- Tras las actividades de pre-lectura, el profesor puede proponer a los estudiantes que, por grupos, busquen información en Internet sobre cómo otros países latinos celebran la Navidad. Después, puede pedirles que hagan una puesta en común en clase.
- Proponemos la realización del *sketch* teatral con grupos de tres o cuatro alumnos como máximo; cada grupo representará su propuesta en clase delante de sus compañeros y entre todos se escogerá la mejor representación teatral.

Material en línea de utilidad:
- Página sobre la Navidad en países latinos: http://www.navidadlatina.com
- Didactiteca (Centro Virtual Cervantes):
  http://cvc.cervantes.es/aula/didactired/didactiteca. Búsqueda por palabra clave "fiestas populares, fiestas paganas o fiestas religiosas (Navidad, Semana Santa, etc.)"
- Hilos en Foro Didáctico: http://cvc.cervantes.es/foros

unidad 8 — Ya vienen los Reyes Magos

ACTIVIDADES de pre-lectura

1. a. Estos personajes son famosos en diferentes partes del mundo. ¿Conoces a alguno?

   b. Pon en común tus respuestas con tus compañeros.

2. Ahora, vas a leer un texto sobre la Navidad en España. En las siguientes afirmaciones la información está mezclada. Con la ayuda de tu diccionario, organízala de nuevo y corrige las frases:

   1. Los nombres de los tres Reyes Magos son <u>Turrón</u>, <u>Mazapán</u> y <u>Polvorón</u>.
   _____

   2. En la noche de Reyes, en muchos pueblos y ciudades se hace una <u>función de Navidad</u>, en la que los Reyes Magos desfilan y son recibidos por las autoridades.
   _____

   3. La <u>zambomba</u> y la <u>pandereta</u> son dulces que se fabrican con almendras y que se comen en Navidad.
   _____

técnicas de clase

Lecturas en la clase | **Unidad 8**

4. En Navidad se canta <u>El belén</u>, un villancico que popularizó el cantante Raphael en la década de los 60.

5. El <u>Melchor</u>, el <u>Gaspar</u> y el <u>Baltasar</u> son instrumentos que se tocan en Navidad.

6. En los colegios, antes de las vacaciones de Navidad, los niños actúan para los padres en una <u>cabalgata de Reyes</u>, en la que suelen representar un Belén viviente o cantar villancicos.

7. Un adorno que decora las casas en Navidad es una representación en miniatura de <u>El tamborilero</u>.

Quizá te ayude ordenar las palabras subrayadas en la siguiente tabla:

Dulces	Instrumentos	Tradiciones

3. **Lee las frases siguientes sobre la celebración de la Navidad en España y escribe frases equivalentes con tradiciones de tu país:**

   1. En la noche del 24 de diciembre, la Nochebuena, las familias se suelen reunir a cenar.

   2. El 28 de diciembre está permitido gastar bromas a la gente y decirles después: «¡Inocente!». A este día se le llama Día de los Santos Inocentes por el día en que el rey Herodes mandó matar a todos los niños menores de 2 años para intentar que muriera el Niño Jesús.

   3. A las 12 de la noche del 31 de diciembre, la Nochevieja, se comen doce uvas, una con cada campanada del reloj.

8 Ya vienen los Reyes Magos

LECTURA

1   - Paco: tú serás Baltasar.

A Paco el papel no le decía gran cosa. Teresita, en cambio, parecía muy satisfecha de su decisión:

- Miguelito y Ramón, vosotros, que tenéis una cara más expresiva, seréis
5   Melchor y Gaspar.

Paco, a veces, pensaba que a lo mejor Teresita le tenía un poco de manía. Pero también sabía que la maestra daba mucha importancia a la expresividad de la cara y que estaba muy orgullosa de ello porque pensaba que leía en las caras de los demás todo lo que quería saber sobre ellos. Por eso se
10 sentía agradecida hacia las personas que tenían un rostro más expresivo. Y la cara de Paco, la verdad, a Teresita no le decía nada.

Baltasar tampoco decía mucho en la obra. Entraba junto a sus dos compañeros al final del último acto, se arrodillaba ante el Niño Jesús (un muñeco que había traído una de las niñas) y ofrecía un cofre cerrado que contenía
15 mirra. Bueno, en realidad era una caja de lata que usaban en la clase para guardar los lápices nuevos, pero Teresita decía que era "atrezzo", y pronunciaba esa palabra tan rara separando mucho las sílabas, "a-tret-tso", y estirando mucho el cuello. Paco no sabía qué era la mirra ni por qué Baltasar era el único rey negro, pero como todo el mundo aceptaba estas y otras cues-
20 tiones sin dificultad, pensó que era mejor callarse y no dar a Teresita más motivos de preocupación. Así que, sin discutir, salió del pequeño salón de actos pensando cómo oscurecerse la cara. Lo único que se le ocurrió fue volver a su casa a buscar el betún que su padre utilizaba para limpiarse las botas.

25 Cuando volvió, el ensayo ya había comenzado y todos sus compañeros estaban muy serios representando sus papeles bajo la atenta dirección de Teresita. Mientras esperaba su turno, Paco comenzó a untarse el betún con

las dos manos por toda la cara: tenía que parecerse a Baltasar como una gota de agua a otra. Y entonces fue cuando el betún le entró en los ojos. Aquella crema tan
30 negra oscureció en un momento y para siempre lo que podría haber sido un brillante futuro teatral.

Paco estaba intentando limpiarse los ojos, que le picaban horrores, cuando oyó cómo sus compañeros le decían en voz baja: «¡Venga, que salimos!» y notó que le empujaban para ponerse delante.

35 Paco recordó las palabras de Teresita: un ensayo general era algo tan serio como la función de verdad. El espectáculo debía continuar, lo había visto en las películas. Así que decidió salir con los ojos cerrados y aguantar un poquito el picor. Al fin y al cabo solo eran unos pasos, el lugar donde debía arrodillarse estaba allí mismo y con tanto betún nadie notaría nada extraño. Un par de minutos, la obra terminaría y él podría ir
40 a lavarse la cara.

Paco tocó el hombro de Gaspar, que ya salía hacia el escenario, para encontrar la dirección adecuada. Calculó que cuatro o cinco pasos serían suficientes para llegar hasta el pesebre. Lo que no calculó fue la velocidad a la que Melchor y Gaspar se dirigían hacia el mismo lugar. Ellos caminaban de forma mucho más lenta, como
45 correspondía a dos hombres muy mayores que habían hecho un largo viaje siguiendo una estrella. Baltasar dio dos o tres pasos largos y acelerados sin ver nada más allá del betún y pisó la capa majestuosa que arrastraba Gaspar. El pobre Gaspar, sin saber qué ocurría a sus espaldas, perdió el equilibrio y, soltando su cofre, cayó hacia atrás sobre Paco, a pesar de agarrarse con fuerza en el último segundo a la capa de
50 Melchor. Y Melchor acompañó en la caída a sus colegas, aplastando, de paso, a tres o cuatro pastorcillos que gritaron aterrados. Todos los pequeños actores salieron corriendo del escenario en todas direcciones y en su huida se llevaron por delante la silueta de la mula de cartón, la estrella, a Goyete y su vara y gran parte del establo que durante semanas habían construido entre todos con la ayuda de Teresita.

55 Aquel año los niños cantaron ante sus padres el famoso villancico "El tamborilero", tras un intensivo ensayo de una sola tarde, la víspera de la función de Navidad. Nadie se atrevió a discutir el cambio de planes porque Teresita no parecía muy dispuesta a conversar sobre el tema. El coro, además de contar con una Virgen, un Niño, un ángel y algunos campesinos, estaba formado por varios pastorcillos magullados, un
60 San José sin vara que miraba al techo con las manos cruzadas a la espalda y tres Reyes Magos muy poco majestuosos, uno de ellos con una extraña erupción en la cara y los ojos rojos como fresas.

unidad 8 — Ya vienen los Reyes Magos

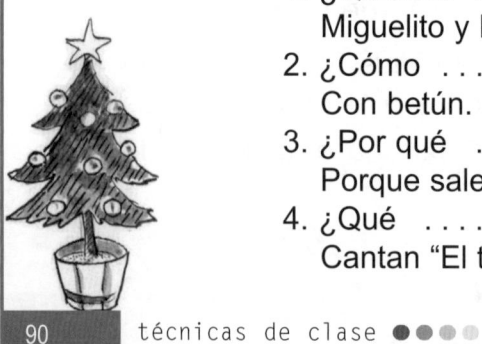

ACTIVIDADES de comprensión de la lectura

1. En el texto, puedes encontrar mucha información sobre el Belén. Completa la siguiente ficha:

EL BELÉN

LOS REYES MAGOS

¿Cómo se llaman?	¿Qué ofrecen?	¿De dónde vienen? *De Oriente.*
………………………..	*Oro.*	¿Qué les guía? …………………….
Gaspar.	*Incienso.*	¿Qué edad tienen? *Son muy mayores.*
Baltasar.	………………………..	¿Cómo visten? …………………….

OTROS PERSONAJES

La Sagrada Familia:　　　　　　　Otros personajes:

La Virgen María.　　　　　　　*El ángel de la Natividad.*

………………………..　　　　　　………………………..

………………………..

EL DECORADO

¿Dónde está la Sagrada Familia? *En un establo.*

¿Qué animales les acompañan? *Un buey y* ……………………..

¿Qué más hay en el escenario? ……………………..

2. Escribe las preguntas correspondientes a estas respuestas:

1. ¿Quiénes . . . . ?
   Miguelito y Ramón.
2. ¿Cómo . . . . ?
   Con betún.
3. ¿Por qué . . . . ?
   Porque sale con los ojos cerrados.
4. ¿Qué . . . . ?
   Cantan "El tamborilero".

técnicas de clase

Lecturas en la clase | **Unidad 8**

ACTIVIDADES de post-lectura

1. **El texto que has leído trata del ensayo general antes de una función teatral. Pues bien, ahora vais a escribir y representar un breve *sketch* para el teatro o la TV. Primero, elige una de las siguientes situaciones:**

   - La cena de Nochebuena
   - La fiesta de Nochevieja
   - La entrega de regalos en Reyes

2. **Ahora, piensa en los personajes que van a aparecer. Puedes elegir entre los siguientes:**

   - La abuela sorda
   - El amigo "gorrón" [1]
   - El niño consentido

   Piensa también en el vestuario y el *atrezzo* que necesitan.

3. **¿Qué ocurre en tu *sketch*? Puedes elegir alguna de estas sugerencias:**

   - En la cena de Nochebuena, la abuela sorda se sienta al lado de un recién llegado a la familia.
   - En la fiesta de Nochevieja, el amigo gorrón pide que le paguen una copa.
   - El día de Reyes, el niño consentido protesta porque no ha recibido el regalo que quería.

4. **Para terminar, escribe el diálogo, añadiendo algunas pautas para la dirección escénica. Por ejemplo:**

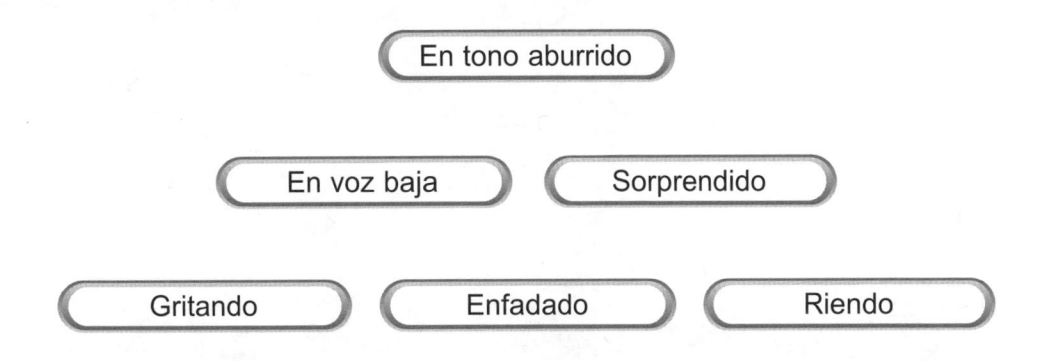

   (En tono aburrido)

   (En voz baja)   (Sorprendido)

   (Gritando)   (Enfadado)   (Riendo)

[1] Gorrón: Aprovechado, que vive y se divierte a costa ajena.

unidad 9
Cuenta la leyenda

Leyendas

técnicas de clase

Lecturas en la clase

Lectura:
BÉCQUER, G. A. "Los ojos verdes", en *Leyendas*. Adaptación de CAPÓN, A. M. (2005), Madrid: enCLAVE-ELE/CLE International.

Técnicas:
Pre-lectura: activar y generar el conocimiento previo necesario:
- pidiendo al alumno que busque información histórica y literaria sobre el autor del texto que va a leer;
- realizando ejercicios de léxico;
- a partir de la generación y comprobación de hipótesis.

Post-lectura: afianzar la comprensión del texto y los nuevos conocimientos adquiridos haciendo que el estudiante escriba su opinión sobre la lectura.

Actividades de lengua implicadas:
Pre-lectura: comprensión de la lectura y expresión escrita.
Post-lectura: interacción oral y expresión escrita.

Tipo de agrupamiento:
Pre-lectura: trabajo individual.
Post-lectura: gran grupo y trabajo individual.

Nivel: B2.

Las técnicas y el texto:
La lectura que proponemos en esta ocasión es la adaptación de una leyenda del escritor romántico español G. A. Bécquer (1836-1870). Las técnicas de pre-lectura y post-lectura que presentamos en esta unidad son una propuesta de aproximación al texto literario que, aunque adaptado, constituye una inestimable fuente de información cultural y un buen punto de partida para la estimulación de estrategias de comprensión lectora.

Desarrollo de la unidad:
- El docente puede facilitar las respuestas a la actividad 1 de pre-lectura, o bien poner a disposición de los estudiantes otros materiales como enciclopedias, páginas web, etc. para que las encuentren por sí mismos.
- Tras la realización de la unidad, proponemos al profesor que anime a sus estudiantes a leer la versión original de *Los ojos verdes*. Para ello remitimos al docente a algunas de las páginas web que se mencionan a continuación.

Material en línea de utilidad:
Las obras de G. A. Bécquer se pueden encontrar en línea en las siguientes páginas web:
- http://www.cervantesvirtual.com
- http://cvc.cervantes.es/obref/rimas

unidad 9 — Cuenta la leyenda

ACTIVIDADES de pre-lectura

1. Busca en Internet información sobre Gustavo Adolfo Bécquer y completa la siguiente ficha:

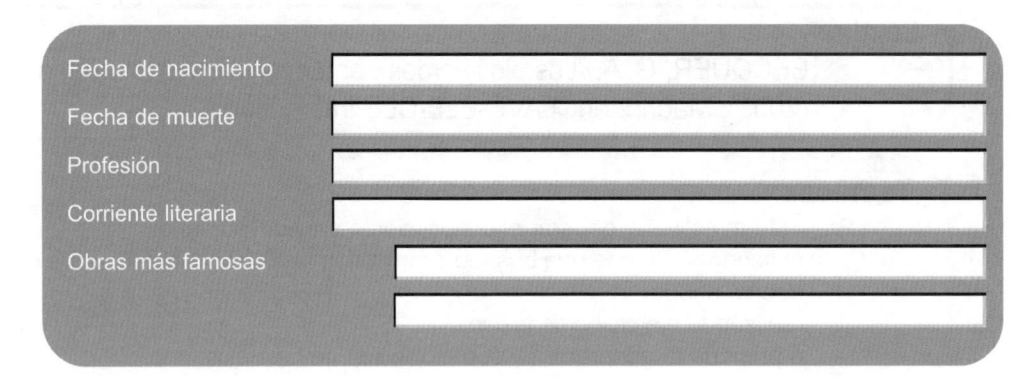

Fecha de nacimiento	
Fecha de muerte	
Profesión	
Corriente literaria	
Obras más famosas	

2. A continuación vas a leer una leyenda de Bécquer. En ella aparecen las siguientes palabras. Averigua el significado de las que desconoces y responde a las preguntas:

- la ballesta
- el montero mayor
- la trocha
- el paje
- la trompa

1. En tu opinión, ¿cuál es la actividad que está realizando el protagonista cuando comienza la historia?

_____
_____
_____
_____
_____

técnicas de clase

2. Con respecto al momento presente, ¿cuándo ocurre la historia: en el presente, el pasado o el futuro?

_____
_____
_____
_____

3. **El protagonista de la leyenda se llama Fernando y estos son los adjetivos que utiliza Bécquer para describirle:**

- *mustio*
- *furioso*
- *enojado*
- *ansioso*
- *sombrío*
- *pensativo*
- *pálido*
- *fatigado*

¿Cuál puede ser la causa de que se encuentre así? Elige entre las siguientes posibilidades:

- Se ha enamorado.

- Ha resultado herido.

- Ha caído enfermo.

- Ha perdido la presa que quería cazar.

4. **Ahora, lee la leyenda y comprueba si has acertado en tu predicción.**

9 Cuenta la leyenda

LECTURA

Los ojos verdes

1   La historia comienza en una soleada mañana de primavera; Fernando de Argensola, primogénito de los marqueses de Almenar, había salido a cazar, acompañado de otros muchos nobles y sirvientes. En un momento dado, Fernando vio un ciervo y, con gran destreza y puntería, logró alcanzarlo con su ballesta.

5   El ciervo, herido, empezó a correr, dejando tras de sí un rastro de sangre. Las trompas sonaban, las voces de los pajes se oían con furia y un gran número de hombres, caballos y perros perseguían la pieza sin tregua.

De repente, vieron cómo el ciervo daba un rápido y ágil salto, perdiéndose entre los matorrales de una trocha que conducía a la fuente de los Álamos. En este momen-
10 to, Íñigo, montero mayor de los marqueses, hizo pararse a todos.

– ¡Alto! ¡Alto todo el mundo! –gritó–. Estaba de Dios que había que marcharse.

Las voces de los pajes callaron, las trompas dejaron de sonar, los perros y los caballos recobraban el resuello. Fernando llegó furioso hasta donde estaba su montero y, con asombro y rabia en la expresión de su cara, le dijo:

15 – ¿Qué haces, imbécil? ¿Ves que la pieza está herida, que es la primera que cae por mi mano, y abandonas el rastro y la dejas perder para que vaya a morir en el fondo del bosque?

Íñigo respondió:

– Señor, es imposible pasar de este punto.

20 – ¡Imposible! ¿Y por qué?

– Porque esta trocha –prosiguió el montero– conduce a la fuente de los Álamos, en cuya fuente habita un espíritu del mal. El que lo molesta paga caro su atrevimiento, sufriendo calamidades horribles. Pieza que se refugia en esa fuente misteriosa, pieza perdida.

25 Fernando, ansioso por no perder su primera pieza, que veía muy cerca, y enojado por lo que creía una superstición absurda, decidió seguir adelante en persecución del ciervo. Todos los demás integrantes de la comitiva lo vieron alejarse inmóviles y preocupados.

Pasado algún tiempo, el carácter de Fernando cambió. Ya no era el joven alegre,
30 con vitalidad y energía, al que le gustaba salir a cazar, acompañado de sus amigos, de sus perros… Ahora andaba siempre mustio, sombrío, pensativo. Su conducta

era también extraña: cada día, temprano, cogía su ballesta y se adentraba en la espesura del bosque; permanecía allí hasta el anochecer y, aunque siempre volvía al castillo pálido y fatigado, nunca llevaba ninguna pieza que hubiera cazado.

35 Un día, Íñigo se decidió a preguntarle a su señor qué le pasaba, a qué se debía su extraño comportamiento.

Fernando dijo a su servidor:

– Sí, es extraño lo que me sucede, muy extraño: No me es posible guardar el secreto por más tiempo. Aquel día de la cacería, en que me adelanté en la espesura persiguiendo al ciervo
40 herido, llegué hasta la fuente de los Álamos. Es un sitio maravilloso: el agua, que brota de entre unas peñas, a va caer a un lago, cuya superficie apenas se ve alterada por el viento de la tarde, rodeado de árboles y plantas de todo tipo. Cuando me veis salir cada día, no es a cazar, sino para ir a la fuente a buscar algo que me pareció ver brillar en su fondo aquel día cuando estuve allí: los ojos de una mujer.

45 Llegué a pensar que había sido una fantasía, un efecto del sol sobre el agua, una planta… Pero un día la encontré allí sentada: era una mujer de una hermosura sin igual, con unos ojos increíbles de color verde.

Al oír esto, Íñigo se incorporó de un salto de su asiento y, con profundo terror en su rostro, dijo:

50 – Señor, mis padres, al prohibirme acercarme a esos lugares, me advirtieron que el espíritu o demonio que habita en aquellas aguas tiene la forma de una mujer con los ojos de ese color. Por favor, no volváis allí o algún día os matará por haberla molestado.

Pero Fernando no hizo caso de la advertencia de su sirviente. Por el contrario, sin poder evitar la obsesión por esos ojos, continuaba yendo a la fuente a diario y hablaba con la mujer
55 como si la tuviera delante. Hasta que un día la encontró sentada sobre una roca, hermosa y pálida como una estatua de alabastro. El joven, de rodillas a los pies de su misteriosa amante, le declaraba su amor incondicional, al tiempo que procuraba, sin éxito, arrancarle el secreto de su existencia. Al fin, ella dijo:

– Fernando, no soy una mujer como las demás que existen en la tierra; yo vivo en el fondo
60 de estas aguas, incorpórea y transparente, como ellas. Yo no castigo al que viene a turbar la paz del lugar donde habito; al contrario, como premio por mostrarse superior, ignorando las supersticiones de la gente corriente, le entrego mi amor. Sí, yo te amo más que tú me amas. Ven a mí. Las plantas que se agitan en el fondo del lago serán nuestro lecho y yo te daré una felicidad que has soñado y no puede ofrecerte nadie más. Ven, ven, ven…

65 Fernando dio un paso hacia ella, y otro, y otro, hasta que pisó en el vacío, cayó al lago y las aguas se cerraron sobre él.

unidad 9 — Cuenta la leyenda

ACTIVIDADES de comprensión de la lectura

1. **Haz un resumen del texto a partir de los siguientes inicios de frases:**

   Fernando de Argensola ... _____
   _____
   _____
   _____

   A partir de ese momento ... _____
   _____
   _____
   _____

   Un día ... _____
   _____
   _____
   _____

2. **En la sección de pre-lectura hemos visto los adjetivos que describen a Fernando. ¿A quién se refieren estos otros adjetivos?**

   Herido (línea 5): _____
   Inmóviles (línea 27): _____
   Preocupados (línea 28): _____
   Maravilloso (línea 40): _____
   Hermosa (línea 55): _____
   Pálida (línea 56): _____
   Misteriosa (línea 56): _____
   Transparente (línea 60): _____
   Incorpórea (línea 60): _____

3. **Sin mirar el texto, relaciona cada sustantivo con el adjetivo con el que crees que mejor se combina.**

1. Un salto	a. profundo/a
2. Una calamidad	b. absurdo/a
3. Una superstición	b. horrible
4. Un terror	d. incondicional
5. Un amor	e. ágil

técnicas de clase

Lecturas en la clase | **Unidad 9**

ACTIVIDADES de post-lectura

1. a. **Piensa en la mujer que enamora a Fernando y responde a las siguientes preguntas:**

   1. ¿Crees que es real o no?
   _____

   2. ¿Crees que ama tanto a Fernando como dice?
   _____

   3. ¿Por qué crees que pide a Fernando que entre en el agua?
   _____

   b. **Discute tu opinión con tus compañeros, utilizando las siguientes expresiones:**

   > En mi opinión,   Me parece que...   No creo que...   Supongo que...

2. **Ahora rellena esta ficha sobre el texto que has leído:**

   ### TU OPINIÓN SOBRE EL TEXTO

   ¿Qué dificultad tiene?
   ☐ Muy fácil   ☐ Fácil   ☐ Asequible   ☐ Difícil   ☐ Muy difícil

   ¿Qué te parece el texto?
   ☐ Muy aburrido   ☐ Aburrido   ☐ Entretenido   ☐ Divertido   ☐ Apasionante

   ¿Qué palabra lo caracteriza?
   ☐ Pena   ☐ Sorpresa   ☐ Miedo   ☐ Romance   ☐ Pasión

3. **A continuación y en base a tus respuestas anteriores, escribe tu opinión sobre el texto que has leído, respondiendo a una de las preguntas que siguen:**

   (a) ¿Crees que *Los ojos verdes* es una leyenda apasionante?
   (b) ¿Cuál es tu opinión sobre el final de *Los ojos verdes*?
   (c) ¿Cómo es la mujer de los ojos verdes?

   Recuerda: tu texto debe seguir la siguiente estructura:

   - Primer párrafo: exposición del tema del que vas a escribir y la opinión que vas a defender.
   - Párrafos centrales: argumentos que sostienen tu opinión.
   - Párrafo final: conclusión (por ejemplo, si recomiendas la lectura del texto o no).

Don Juan y don Luis

unidad 10

Lecturas en la clase

Lectura:
ZORRILLA, J. *Don Juan Tenorio*. Adaptación de CAPÓN, A. M. (2005), Madrid: enCLAVE-ELE/CLE International.

Técnicas:
Pre-lectura: generar el conocimiento previo necesario proporcionando al alumno información histórica y literaria sobre el texto que va a leer.

Post-lectura: afianzar la comprensión del texto y los nuevos conocimientos adquiridos transformando el texto de prosa a teatro.

Actividades de lengua implicadas:
Pre-lectura: comprensión de la lectura e interacción oral.
Post-lectura: expresión escrita, expresión oral e interacción oral.

Tipo de agrupamiento:
Pre-lectura: trabajo individual y parejas.
Post-lectura: parejas y gran grupo.

Nivel: B2.

Las técnicas y el texto:
De nuevo proponemos la explotación de un texto literario adaptado, en esta ocasión, de un fragmento de la obra teatral *Don Juan*, de José Zorrilla (1817-1893). Las técnicas de pre-lectura y post-lectura que presentamos en esta unidad pueden utilizarse con cualquier otro texto literario, ya sea adaptado o no.

Desarrollo de la unidad:
- El profesor debe supervisar la transformación del texto leído en pieza teatral antes de que se represente en clase, con el fin de verificar que las adaptaciones del texto responden a una correcta comprensión del mismo.
- Tras la realización de la unidad, proponemos al profesor que anime a sus estudiantes a leer el fragmento de la obra original que corresponde al que acaban de leer y representar, y que lo comparen. Para ello remitimos al docente a algunas de las páginas web que se mencionan a continuación.

Material en línea de utilidad:
- Biblioteca Virtual Miguel de Cervantes: http://www.cervantesvirtual.com
- Clásicos hispánicos del Centro Virtual Cervantes: http://cvc.cervantes.es/obref/clasicos
- Comunidad literaria y textos en línea: http://www.bibliotecasvirtuales.com

unidad 10 — Don Juan y don Luis

ACTIVIDADES de pre-lectura

1. a. El texto que vas a leer es un fragmento adaptado de una obra muy famosa de la literatura española. Averigua datos de ella leyendo esta información:

Hostería del Laurel
(dos estrellas; Pza. Venerables, 5)

En pleno barrio de Santa Cruz de Sevilla, este hostal fue el elegido por don José Zorrilla para situar la acción de su Don Juan Tenorio.

sevilla españa

Don Juan es uno de los personajes de nuestra literatura que han pasado a formar parte de la cultura universal —don Quijote, Celestina, Lazarillo…—. Símbolo de la seducción amorosa, de la arrogancia y el cinismo, forma parte ya de nuestro acervo cultural.

Escritores

José Zorrilla (1817-1893): Dramaturgo y poeta español que fue una de las figuras más destacadas del romanticismo español. Nació en Valladolid pero vivió en varios sitios: Madrid, Toledo, México… A pesar de gozar de gran popularidad en su época, pasó penurias económicas.

El Don Juan de Zorrilla nació con la leyenda medieval hecha famosa por Tirso de Molina en *El burlador de Sevilla* en el siglo XVII. Mozart, Molière y Byron también usaron el don Juan como personaje de sus obras.

EL NOTICIERO, 29 de marzo de 1844

Don Juan Tenorio se estrenó anoche con gran éxito en el Teatro de la Cruz.

Dirección: www.rae.es

Donjuán: (de *don Juan* Tenorio, personaje de varias obras de ficción). m. Seductor de mujeres. // **Tenorio:** (por alus. a *don Juan* Tenorio, protagonista de obras de Tirso de Molina y Zorrilla). m. Hombre mujeriego, galanteador, frívolo e inconstante. // **Donjuanismo:** m. conjunto de caracteres y cualidades propias de don Juan Tenorio […]. // **Donjuanesco, ca:** adj. Propio de un donjuán o tenorio.

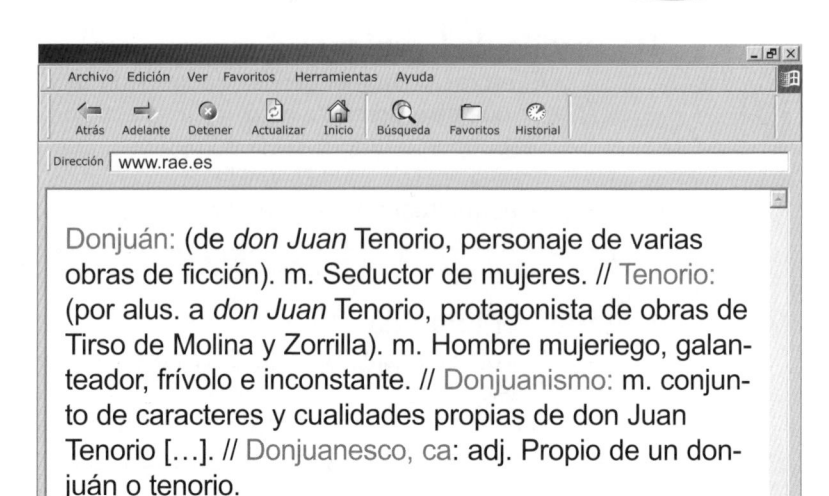

Lecturas en la clase | **Unidad 10**

    b.   **Ahora, responde a las siguientes preguntas:**

        1. ¿Cuál es el título de la obra?

        2. ¿Quién es el autor?

        3. ¿Quién es el personaje principal? ¿Cómo es su personalidad?

        4. ¿Dónde se desarrolla el fragmento que vas a leer?

    c.   **Compara tus respuestas con las de tu compañero.**

_____
_____
_____
_____
_____
_____
_____

2. **En el fragmento que vas a leer aparecen las siguientes palabras:**

- Antifaces
- Duelo de armas y desafíos
- Bandoleros
- Pendencias, desmanes y fechorías
- Novicia

Busca el significado de estos términos en tu diccionario y con la información que obtengas, elige una de estas tres opciones:

La acción del texto que vas a leer ocurre:

- en una noche de carnaval entre caballeros en el siglo XVI.
- en una noche de San Juan entre religiosos en el siglo XIX.
- en una noche de fin de año entre abogados en el siglo XX.

unidad 10 — Don Juan y don Luis

LECTURA

Don Juan Tenorio
Parte I, acto I, escena XII

1   Al tratar de sentarse don Luis en una de las sillas de la mesa reservada, su contrincante le dice:
– Esta silla está ocupada.
A lo que Mejía responde:
5   – Lo mismo digo, para un amigo la tengo yo reservada.
La reacción de Tenorio no se hace esperar:
– Entonces sois don Luis Mejía.
– Y vos sois don Juan Tenorio.
Habiéndose ya presentado y quitado los antifaces, se sientan en
10 el lugar reservado. Rodeados de gente, recuerdan el motivo de su encuentro: una apuesta. Don Luis afirmó un día que en España no había nadie capaz de hacer lo que él hacía; a esto había contestado su rival:
– Nadie ha de hacer lo que haría don Juan Tenorio.
15 Ante tal desafío, una cuestión de honor: ver quién es el triunfador y quién el vencido. No sería un duelo de armas, sino de hechos. Lo realizado por cada uno de ellos viene resumido en varias hojas que sacan en ese momento.
Interviene en primer lugar don Juan.
20 – Pues yo, buscando sitios nuevos para realizar mis hazañas, llegué a Italia, un paraíso donde abundan los placeres, pendencias, amores y desafíos. Perseguido, salí de allí disfrazado y me incorporé al ejército español. Tras cinco o seis desafíos lo abandoné y me fui a Nápoles; en el medio año que allí estuve, no hay escán-
25 dalo ni engaño en que no estuviera metido. Por donde quiera que fui, la razón atropellé, me reí de la virtud, a la justicia burlé y a las mujeres engañé. En todos los sitios donde estuve guardan un mal recuerdo de mí; no respeté ni nada ni a nadie. Todo lo que con-

seguí está escrito en este papel. Pero antes de leerlo, quiero oír vues-
tras aventuras.
Don Luis toma la palabra y empieza a contar su historia:
– Llegué a Flandes, donde tuve muy mala suerte, pues, en el primer mes viviendo allí, perdí toda mi fortuna. Y puesto que estaba sin dinero, me uní a unos bandoleros, con los que cometí numerosos desmanes y a los que, al final, acabé robando. Después me fui a Alemania y, desde ahí, a Francia ¡buen país! Y, como vos, en medio año que allí estuve, no hay escándalo ni engaño en que no estuviera metido. Por donde quiera que fui, la razón atropellé, me reí de la virtud, a la justicia burlé y a las mujeres engañé. Lo conseguido por mí está escrito en este papel. Contad.

Comienzan, entonces, a leer y contar el número de fechorías de cada uno de ellos: don Juan había matado treinta y dos hombres y conquistado a setenta y dos mujeres. Por su parte, don Luis tenía constancia de veintitrés muertos y cincuenta y seis conquistas. Ganaba, pues, el primero.

Don Juan, viéndose el vencedor, presume de que conquistó mujeres de condición social muy diversa:

– Desde una princesa real a la hija de un pescador; he conquistado mujeres de todas las escalas sociales.

No obstante, don Luis indica a su rival que, aunque esto es cierto, todavía le falta una por conquistar: una novicia. Y a esto respondió don Juan:

– Pues yo os complaceré doblemente, porque, además de la novicia, conquistaré a la novia de algún amigo que esté próxima a contraer matrimonio. Y, como vos vais a casaros mañana, pienso quitaros a vuestra novia, doña Ana de Pantoja.

10 Don Juan y don Luis

ACTIVIDADES de comprensión de la lectura

1. **Di si las siguientes afirmaciones son verdaderas o falsas:**
   1. Al principio, don Juan y don Luis no se reconocen porque llevan antifaces. ...V/F
   2. Don Juan y don Luis han quedado para resolver una apuesta. ...V/F
   3. Don Juan ha pasado un año en Nápoles. ...V/F
   4. Don Luis se ha quedado sin dinero en Flandes. ...V/F
   5. La apuesta consiste en ver quién ha viajado más. ...V/F
   6. Don Juan vence a don Luis en la apuesta. ...V/F
   7. Don Luis quiere conquistar a una novicia. ...V/F
   8. La novicia es doña Ana de Pantoja. ...V/F

2. **Como sabes, *Don Juan Tenorio* es una obra de teatro. Sin embargo, el texto que has leído está en prosa. Busca en el texto el fragmento que corresponda a estos versos de la obra original:**

   > Yo a las cabañas bajé,
   > yo a los palacios subí,
   > yo los claustros escalé,
   > y en todas partes dejé
   > memoria amarga de mí.

3. **Lee esta frase sacada del texto y responde a las siguientes preguntas:**

   > *Pues yo os complaceré doblemente, porque, además de la novicia, conquistaré a la novia de algún amigo que esté próxima a contraer matrimonio. Y, como vos vais a casaros mañana, pienso quitaros a vuestra novia, doña Ana de Pantoja.*

   1. ¿Cuál es la fórmula de tratamiento que utiliza don Juan para dirigirse a don Luis Mejía?

   2. ¿A qué forma verbal corresponde dicha fórmula, en persona y número?

   3. ¿Qué fórmula utilizaríamos en la actualidad: tú, usted, vosotros?

Lecturas en la clase | Unidad 10

ACTIVIDADES de post-lectura

1. **Ahora, en parejas, vais a transformar el texto que habéis leído en una pieza de teatro. Para ello, tenéis que tener en cuenta que:**

   1. En el texto resultante solo debe haber diálogo y pautas para la dirección escénica.

   2. Las pautas para la dirección escénica van entre paréntesis y en cursiva.

   3. Debes tener cuidado de que no se pierda información al pasar la narración a diálogo.

   4. Además, debe mantenerse el mismo tratamiento (*vos*) que en el texto que has leído.

   Mirad el siguiente ejemplo y escribid vuestra versión del texto leído:

   TEXTO 1

   Habiéndose ya presentado y quitado los antifaces, se sientan en el lugar reservado. Rodeados de gente, recuerdan el motivo de su encuentro: una apuesta.

   TEXTO 2

   (*Don Juan y don Luis se quitan los antifaces y se sientan*)
   DON JUAN: ¿Recordáis el motivo de nuestro encuentro?
   DON LUIS: ¡Cómo voy a olvidarme! Hicimos una apuesta.

2. **Una vez elaborada la pieza, represéntala junto con tu compañero ante el resto de tu clase.**

Soluciones

Técnicas de Clase

Lecturas en la clase

Unidad 1

Actividades de pre-lectura

2

COMUNIDAD AUTÓNOMA DE MADRID

Población: 5.804.000 habitantes.
Extensión: 8.028 km².
Clima: 8° C a 2° C de octubre a abril. 27° C a 33° C de mayo a septiembre.

Monumentos:
   El Escorial, El monasterio de El Paular, El Valle de los Caídos.

Capital: Madrid.
Población de la capital:
   3.099.000 habitantes, según padrón municipal 2004.
Fiestas locales:
   Fiestas de San Isidro (en mayo).

Actividades de comprensión de la lectura

1

Se mencionan, entre otros, la Plaza Mayor, la Cibeles, la Plaza de España, el Retiro y el mercado de San Miguel, la Calle Mayor, el Retiro y el Rastro.

SOLUCIONES

2

a. ¿Cuáles están en el centro?
La Plaza Mayor, la Cibeles y la plaza de España.

b. ¿Qué tienen en común Embajadores y Colón?
El autobús Circular pasa por ambas plazas.

c. ¿Cómo va a ir Jose a Hoyo de Manzanares?
En autobús.

d. Vallecas es un barrio.

e. El Rayo es un equipo de fútbol.

f. El Retiro es un parque.

3

TEXTO 1

a. ¿Qué piensa Jose de Vallecas?
Piensa que no es un barrio bonito desde el punto de vista arquitectónico, pero le gusta su gente: esa familiaridad con la que te reciben en los bares o en las tiendas.

b. ¿Qué tipo de vida hace la gente en Madrid diariamente?
Lleva una vida agitada y frenética.

c. ¿Qué hacen los madrileños en domingo?
Unos leen el periódico dominical, pasean con las bicicletas por el Retiro y/o se detienen ante los títeres y los espectáculos callejeros. Otros prefieren ir al Rastro o aprovechan el día gratis de los museos para ver exposiciones. Sobre la una se reúnen en un bar a tomar el vermú.

4

TEXTO 2

d. ¿Cómo ayuda Sara a Jose?
Le facilita el teléfono de la sobrina de doña Carmen.

e. ¿Por qué quiere hablar Jose con Berta?
Según dice él, para comentarle algo que había notado en su tía.

f. ¿Dónde quedan Jose y Berta?
En el bar "El Cerrillo", en Hoyo de Manzanares.

Actividades de post-lectura

A continuación reproducimos un fragmento de *Calle Mayor, 10*, (enCLAVE/ELE, 2005), que es posterior al Texto 1 y anterior al Texto 2 y que puede ayudar a comprender al alumno qué ocurre entre ambos:

Escribo desde los quince años más o menos. Es una manera de parar el tiempo y así recordar momentos y sensaciones importantes. Es hacer una fotografía hecha de palabras. Hace tiempo que quiero contar esta historia, pero nunca he sabido por dónde empezar. Me ha resultado complicado porque todo aquello me pareció muy extraño. Fui testigo de una desaparición. No testigo directo, pero sí vi un cadáver y una desaparición. Ahora, con la objetividad que da el tiempo, me doy cuenta de que hice todo lo que estuvo en mi mano para resolver el crimen. Yo no soy policía y tampoco tengo dotes de detective. Mi único motor era el deber que tenía con doña Carmen Sanz, la mujer asesinada.

Sara, una amiga que tengo en una agencia de viajes y que me consigue muchos clientes, me llamó por teléfono aquella tarde.

- Jose – sonó su voz al otro lado del móvil -, tengo una buena noticia para ti.
- ¿Trabajo? – pregunté.
- Trabajo con mayúsculas. Ha pagado por adelantado y bastante, por cierto.
- Sí que es una buena noticia, sí. Cuenta, cuenta.
- Es una mujer de unos setenta años. Es española, pero lleva casi toda su vida en Alemania. Parece que algún amigo suyo le ha hablado bien de ti. Al final te vas a hacer famoso en Europa, y eso que no tienes licencia-. Sara siempre se enfada conmigo porque no me presento al examen. Dice que un día voy a meterla en un lío.
- Un día de estos, Sara, y te prometo una cena si lo consigo.
- Invítame a cenar este sábado, que con lo que vas a ganar con esta clienta hasta puedo elegir restaurante – me dijo riéndose.
- De acuerdo, pero elijo yo, que a ti te gusta demasiado el marisco y tengo que pagar el alquiler.
- Hecho. Coge el teléfono, es el 690 543 250...

Tenía una voz cálida. Ella me llamaba José, con tilde en la é, pero lo decía con tanta dulzura que no me sonó mal.

- Verás, José – me dijo-, yo llevo muchos años fuera de España. He vuelto para reencontrarme con el poco Madrid que recuerdo.
- ¿Y qué es lo que quiere ver exactamente? – le pregunté.
- Quiero pasear, ver lo que ha cambiado y lo que no. Ah, y comer chocolate con churros.
- Eso es fácil; cerca de su pensión está San Ginés, una de las chocolaterías más antiguas y famosas de Madrid.
- Me han dicho que eres un buen guía, diferente al resto, y es eso lo que busco. Te he dejado un sobre con dinero en la agencia. Si comemos o tomamos algo, lo pagaré yo – me explicó.
- Sí, del dinero ya me han hablado en la agencia – contesté un poco apurado, porque nunca me habían pagado por adelantado-. Pasaremos muy buenos momentos recorriendo Madrid, ya verá.
- Pero sin prisa, hijo – me dijo –, que a mi edad no puedo correr mucho y menos con este calor.

Quedé con ella en ir a buscarla, a la mañana siguiente, a la pensión en la que estaba alojada. Cuando llegué a la habitación la encontré en el suelo. Estaba muerta.

SOLUCIONES

Unidad 2

Actividades de pre-lectura

1

Superman, héroe de cómic.

Superman nace en el planeta Krypton, en el seno de una civilización mucho más desarrollada que la de la Tierra. Su padre se llama Jor-El y es un científico eminente dentro de la sociedad Kryptoniana. Jor-El descubre que su planeta sufre conmociones internas que lo harán estallar en breve tiempo. Cuando se lo explica a la comunidad científica, lo toman por loco, y su propuesta de construir naves para evacuar el planeta antes de que estalle no es aceptada. Por ello se va a su casa y trabaja en la creación de una nave prototipo. Pero las conmociones internas del planeta hacen que el fin llegue antes de lo previsto y entonces Jor-El y su esposa deciden que, al menos, se salve su hijo, al que introducen en el modelo de nave que Jor-El había construido y la envían al espacio en dirección a la Tierra. Al poco rato de salir la nave fuera de la atmósfera del planeta Krypton, este estalla en mil pedazos.

La nave viaja hasta la Tierra, donde aterriza, y es encontrada por unos granjeros del estado de Kansas en EE.UU., Jonathan y Martha Kent. Los Kent recogen al niño, lo adoptan y lo llaman Clark Kent. Cuando crece, Clark se muda a la gran ciudad de Metropolis, donde empieza a trabajar como periodista.

Superman tiene unos poderes extraordinarios debido a las diferentes radiaciones que se reciben en la Tierra, la menor fuerza gravitacional, y el hecho de pertenecer a una raza más desarrollada. Su principal fuente de debilidad es la kryptonita, pedazos del planeta Krypton cargados de radioactividad, que son letales únicamente para los habitantes de Krypton.

Actividades de comprensión de la lectura

1

Un niño que puede volar y salva a una viejecita.
«Juanito Superman sale tempranito para la escuela...» (línea 1).
«En un segundo, vuela hasta la escena del peligro...» (línea 30).
«Con una mano, corre a la viejecita del sendero...» (línea 31).

2

g, b, e, a, c, h, d, f.

Lecturas | **Soluciones**

3

a. Medio de transporte colectivo que lleva a los niños al colegio: micro escolar.

b. Bata de tela ligera que se usa para preservar la ropa de polvo y manchas: guardapolvo.

c. Chaqueta de uso informal y deportivo: campera.

d. Golosina o dulce hecho con almendras: alfajor.

Unidad 3

Actividades de pre-lectura

1

Posibles respuestas:

El hada madrina = *La Cenicienta*; Los enanitos = *Blancanieves y los siete enanitos*; La abuelita = *Caperucita Roja*; El carpintero = *Pinocho*; El príncipe azul = *La Cenicienta* y *La Bella Durmiente*; La madrastra = *La Cenicienta* y *Blancanieves y los siete enanitos*; El emperador = *El traje nuevo del Emperador*; El flautista = *El flautista de Hamelín*.

2

- ¿Quiénes son los personajes principales?
  Los tres cerditos y el lobo.

- ¿Qué ocurre en este cuento?
  Los cerditos se construyen cada uno una casa, de paja, madera y ladrillos. El lobo ataca cada casa y, soplando, hunde las dos primeras. Los tres se refugian en la tercera, que resiste. El lobo intenta entrar por la chimenea, pero los cerditos calientan agua en la lumbre y el lobo se quema y sale huyendo.

- ¿Cuál es la moraleja de este cuento?
  Haz las cosas bien.

3

El cerdito es un cerdo pequeño, un animal de granja; en algunos países de Hispanoamérica se le llama chanchito.

El lobo es un animal salvaje, muy dañino para el ganado. En los cuentos, al lobo se le llama El Lobo Feroz.

Paja, madera y ladrillos son los materiales con los que los tres cerditos construyen sus casitas.

«Soplaré y soplaré, y la casa derribaré» es lo que dice el Lobo Feroz antes de atacar a los cerditos.

La chimenea es el tubo por donde sale el humo del fuego del hogar. Suele estar situada en el techo de las casas.

SOLUCIONES

4

- Los personajes que aparecen son Doña Chancha, los tres chanchitos, los chicos de vacaciones, el Lobo Feroz, los arquitectos, ingenieros, magos, científicos y curiosos, los siete enanos, Blancanieves y la bruja.

- Las casas están hechas de arena, cubos de madera y ladrillos de plástico.

- El Lobo Feroz se disfraza para atacar a los cerditos. En los dos primeros ataques, no dice nada; en el último, dice «Soy el representante de Compucasas, juegos para diseñar casas con la computadora».

- El chanchito mayor lo amenaza diciendo «Pondré mi pata en la tecla de borrar y tu casita desaparecerá».

- Los chanchitos han leído la historia de *Los tres cerditos* y saben lo que deben hacer para huir del Lobo Feroz.

- Los chanchitos utilizan correo electrónico, ordenador y portero automático.

- Cuando los chanchitos son atacados, les ayuda la gente (los chicos de vacaciones, los curiosos).

Actividades de comprensión de la lectura

1

c, d, b, a.

2

Vecino: No, el significado expresado aquí es *cercano* (adjetivo).
Sacudir: No, el significado expresado aquí es *pegar*, *agredir*.
Curioso: Sí.
Genio: No, el significado expresado aquí es *carácter*.
Monitor: Sí.

3

Hamaca: reposera.
Zumo: juguito.
Competición: competencia.
Apartamento: departamento.
Ordenador: computadora.

Lecturas | **Soluciones**

Unidad 4

Actividades de pre-lectura

1

1. ¿Cuál es la cordillera montañosa más larga del mundo?
   Los Andes.

2. ¿De dónde viene el nombre de "América"?
   De un tal Américo Vespucio.

3. ¿Qué idioma se habla en la República de Chile?
   Español.

4. ¿Con cuál de estos países no limita Chile?
   Estados Unidos.

5. ¿Qué es el Manquehue?
   Una montaña.

Actividades de comprensión de la lectura

1

1. ¿Cuándo se escribe esta carta?
   El 10 de septiembre.

2. ¿Quién es el remitente?
   Manuel.

3. ¿Quién es el destinatario?
   Pepe.

4. ¿Qué relación hay entre ellos?
   Son amigos.

5. ¿Qué recuerda el remitente de sus anteriores estancias en Santiago de Chile?
   Las calles arboladas de Vitacura, los edificios de Apoquindo y las empanadas del Cajón del Maipo.

6. ¿Cómo se siente el remitente al volver a Santiago de Chile?
   Emocionado y nostálgico.

SOLUCIONES

2

Agotador: extenuante, duro, fatigoso.

Reconocible: identificable.

Amenazador: desafiante.

Inmenso: enorme, colosal, descomunal.

Nostálgico: melancólico, abatido.

Cuico: rico, de alto rango social.

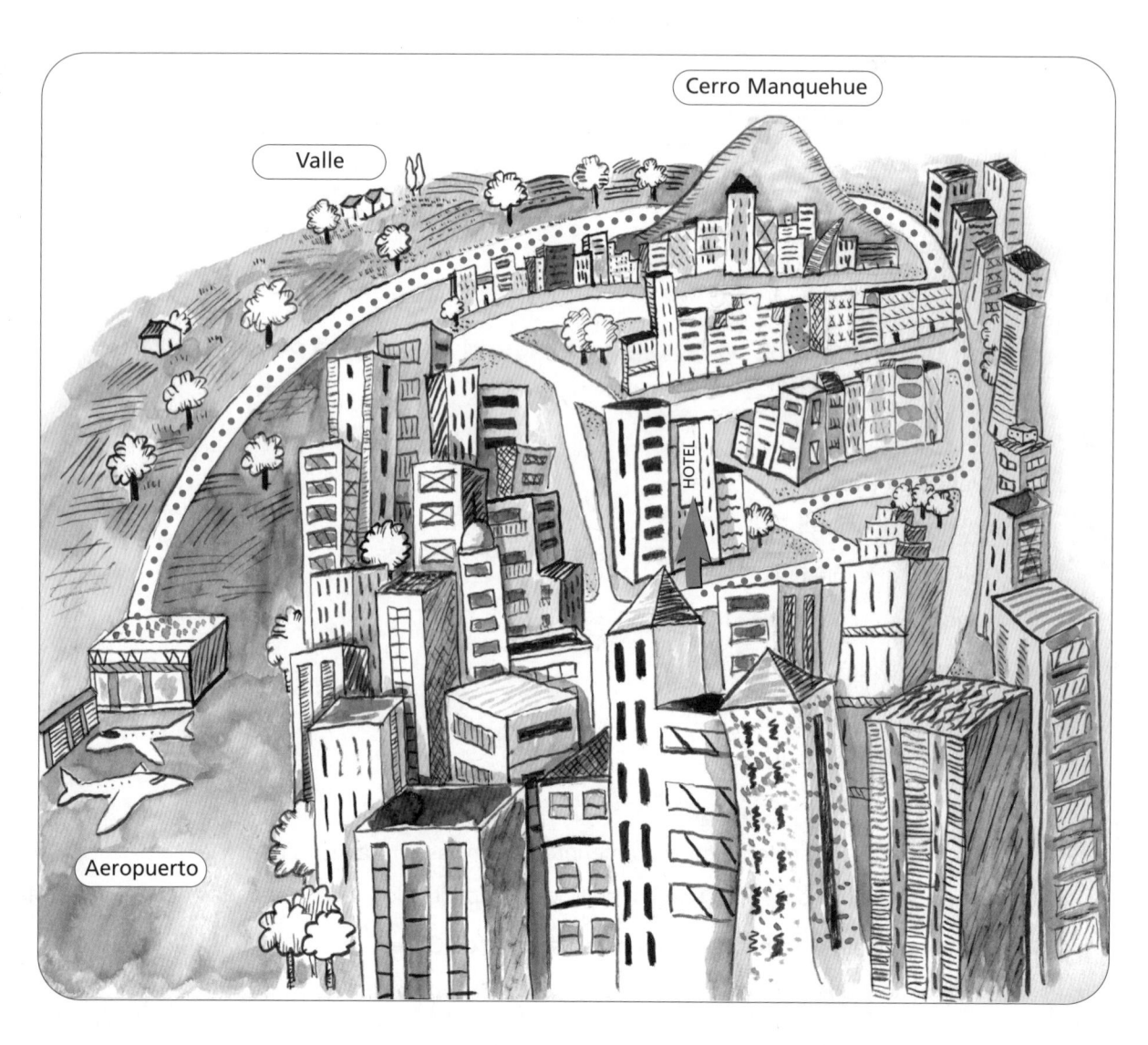

3

Lecturas | Soluciones

Unidad 5

Actividades de pre-lectura

2

T	O	M	A	T	E	S	T	E	C
E	S	V	E	L	E	C	P	A	R
A	C	E	E	N	U	S	O	L	O
C	E	C	E	Y	J	S	L	B	B
H	B	E	R	T	U	C	L	A	A
O	O	T	U	H	I	L	O	A	R
R	L	C	U	I	S	V	E	R	R
I	L	P	I	M	I	E	N	T	O
Z	A	P	A	T	T	R	U	A	Z
O	E	B	U	R	T	D	D	E	R
W	E	R	G	D	S	U	A	L	A
F	U	J	S	E	R	R	A	S	B
U	A	I	R	O	H	A	N	A	Z
Q	U	E	S	O	S	E	I	L	A

3

El choclo: el maíz.

Las papas: las patatas.

El carozo: el hueso de la fruta.

El zapallo: la calabaza.

La arveja: el guisante.

4

Posible solución:
El pollo al chilindrón se puede cocinar porque tenemos pollo, tomate y pimiento.

La paella se puede hacer porque tenemos arroz: la paella puede ser de verdura o de pollo.

El cuscús no se puede cocinar porque no tenemos sémola en grano.

Podríamos elaborar un caldo porque tenemos verdura y patatas.

También podríamos hacer un gazpacho, con el tomate, la cebolla y la sal...

SOLUCIONES

Actividades de comprensión de la lectura

1

1. ¿Quién es el protagonista de este cuento?

   Un soldado.

2. ¿Qué es lo que ocurre en este cuento?

   El soldado regresa a casa después de la guerra, tiene hambre y se detiene en un pueblo a pedir comida. Allí son pobres y no tienen qué comer. Entonces el soldado prepara una sopa con los ingredientes que le dan los habitantes del pueblo.

3. ¿Con qué ingredientes se prepara la sopa?

   Con una piedra, una o dos cebollas, sal, un choclo, tres papas, un zapallo, un chorizo, unos tomates, unas zanahorias, un ala de pollo y tres o cuatro arvejas.

4. ¿Es realmente mágica la piedra con la que hace el soldado la sopa?

   No.

5. ¿Cuál es la moraleja de este cuento?

   Con el esfuerzo de todos se puede lograr lo que deseamos.

2

Caldo: caldito.

Miga: miguita.

Nena: nenita.

Fuego: fueguito.

Saco: saquito.

Dormida: dormidita.

Zapallo: zapallito.

Bajo: bajito.

3

1. Un pedazo de, un poco de, una miguita de, un montón de, un saquito de.
2. Cuchara de madera, puchero, servilleta, plato hondo, cuchara.
3. Cocinar, encender un fueguito, revolver el caldo, chuparse los dedos, servir sopa.

Lecturas | **Soluciones**

Unidad 6

Actividades de pre-lectura

1

Cadáver, asesino, retrato robot, testigo, autopsia, detective, forense.

El nexo en común entre esas palabras es "crimen".

3

Este verso pertenece a la célebre obra de Calderón de la Barca (1600-1681) *La vida es sueño,* (jornada II, versos 1163-1202):

Es verdad; pues **reprimamos**
esta fiera condición,
esta furia, esta ambición
por si alguna vez soñamos.
Y sí haremos, pues estamos
en mundo tan singular,
que el vivir solo es soñar;
y la experiencia me enseña
que el hombre que vive sueña
lo que es hasta despertar.

Sueña el rey que es rey, y vive
con este engaño mandando,
disponiendo y gobernando;
y este aplauso que recibe
prestado, en el viento escribe,
y en cenizas le convierte
la muerte (¡desdicha fuerte!);
¡que hay quien intente reinar,
viendo que ha de despertar
en el sueño de la muerte!

Sueña el rico en su riqueza
que más cuidados le ofrece;
sueña el pobre que padece
su miseria y su pobreza;
sueña el que a medrar empieza,

119

SOLUCIONES

sueña el que afana y pretende,

sueña el que agravia y ofende;

y en el mundo, en conclusión,

todos sueñan lo que son,

aunque ninguno lo entiende.

    Yo sueño que estoy aquí

destas prisiones cargado,

y soñé que en otro estado

más lisonjero me vi.

¿Qué es la vida? Un frenesí.

¿Qué es la vida? Una ilusión,

una sombra, una ficción,

y el mayor bien es pequeño;

que toda la vida es sueño,

y los sueños, sueños son.

En este famoso soliloquio, Segismundo, un príncipe condenado a pasar su vida encerrado en una torre sin saber que lo es, habla de la falsedad de la vida y de su suerte.

Actividades de comprensión de la lectura

1

1. ¿Dónde se desarrolla la acción?
   En una sala de autopsias.

2. ¿Quién ha sido asesinado? ¿Dónde?
   Una mujer detective. En su casa.

3. ¿Quién es el asesino? ¿Por qué ha cometido el asesinato?
   La mujer del forense. Por celos.

4. ¿Quién está triste por esa muerte? ¿Por qué?
   El forense. Porque era amigo de la mujer detective.

5. ¿A quién se dirige el forense cuando dice «estás enferma»? ¿Por qué?
   A su mujer. Porque su mujer cree que el forense y la mujer detective tienen una relación.

6. ¿Cómo ayuda la vecina al forense?
   Desvelando la identidad de la asesina.

Lecturas | **Soluciones**

2

1. Estar a punto: expresa la proximidad o la disposición de que ocurra una acción.
   Ejemplo: *Estaba a punto de irme, cuando te vi llegar.*

2. Darse aires de superioridad: mostrar vanidad, soberbia o pretensión ante los demás. Ejemplo: *No soporto el aire que te das últimamente.*

3. Quedarse boquiabierto: referido a una persona, embobado a causa de la sorpresa o de la admiración. Se usa habitualmemte con los verbos *dejar, estar* y *quedarse*.

4. Echar a perder: deteriorar o estropear. Ejemplos: *echar a perder una cosecha; echar a perder a una persona; echar a perder un negocio.*

Actividades de post-lectura

1b

Los elementos que posiblemente aparecen en toda historia policíaca son: criminal, policía, comisaría, investigación, sospechoso, arrestar.

Unidad 7

Actividades de pre-lectura

1

Tener la sartén por el mango: tener el poder.

2

Decadente: que comienza a declinar, a ir de más a menos.

Necio: persona que demuestra falta de inteligencia o criterio.

Abandonado: descuidado, dejado, no usado.

Perdido: que no tiene recuperación posible.

Ignorante: desconocedor.

SOLUCIONES

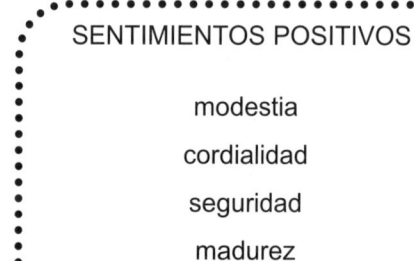

3

SENTIMIENTOS POSITIVOS	SENTIMIENTOS NEGATIVOS
modestia	indiferencia
cordialidad	odio
seguridad	celos
madurez	dolor
plenitud	superioridad
admiración	

Actividades de comprensión de la lectura

FRAGMENTO 1

1

1. ¿Qué sabes de Marcelo Santos?

   Es un joven escriba.

2. ¿Dónde están los agentes y Marcelo?

   En una casa encalada situada en un tranquilo pueblecito de la Axarquía malagueña. La casa la comparte Marcelo con Helena San Martín.

3. ¿Cuál es motivo de la visita de los agentes?

   Comunicar a Marcelo que han encontrado un coche descapotable rojo estrellado en una carretera de Almería.

FRAGMENTO 2

3

1. ¿Qué opinan la crítica y el público de la novela de Helena San Martín?

   Opinan que es muy buena.

2. ¿Quién es el verdadero autor de la novela?

   Marcelo, el escriba.

3. ¿Cómo se siente Helena ante la traición?

   Helena siente odio y dolor.

Lecturas | **Soluciones**

FRAGMENTO 3

5

1. ¿De qué trata la novela del fragmento 2?

   De la historia de la vida de Marcelo y de su relación con Helena.

2. ¿Por qué la escribe Marcelo?

   Por venganza.

3. ¿Qué etapas pasa la relación de Marcelo y Helena?

   Primero se enamoran y se convierten en pareja; después, Marcelo empieza a escribir las novelas de Helena, que cada vez tienen más éxito; más adelante, Helena promete compensarle haciendo público su nombre, pero no lo hace nunca; y finalmente, Marcelo decide vengarse de Helena escribiendo la historia de su relación.

6

Posible respuesta:

El texto nos cuenta la amarga historia de la pareja formada por Marcelo Santos y Helena Martín. Marcelo trabaja como escriba de Helena, que cada vez tiene más éxito con sus novelas. Helena le promete compensar el trabajo de Marcelo haciendo público su nombre, pero no lo hace nunca; y Marcelo decide vengarse de Helena escribiendo la historia de su relación. La novela tiene mucho éxito y cuando Helena lee el argumento del libro, entra en una depresión que le lleva a suicidarse como la protagonista de su propia novela: estrellando su descapotable rojo.

Unidad 8

Actividades de pre-lectura

1

Todos son personajes navideños de diferentes partes del mundo: los Reyes Magos, la Befana, el Hombre de Gengibre, Papá Noel y el Christkindel.

2

1. Los nombres de los tres Reyes Magos son <u>Melchor</u>, <u>Gaspar</u> y <u>Baltasar</u>.

2. En la noche de Reyes, en muchos pueblos y ciudades se hace una <u>cabalgata de Reyes</u>, en la que los Reyes Magos desfilan y son recibidos por las autoridades.

3. El <u>turrón</u>, <u>el mazapán</u> y los <u>polvorones</u> son dulces que se fabrican con almendras y que se comen en Navidad.

4. En Navidad se canta *El tamborilero*, un villancico que popularizó el cantante Raphael en la década de los 60.

123

SOLUCIONES

5. La <u>zambomba</u> y la <u>pandereta</u> son instrumentos que se tocan en Navidad.

6. En los colegios, antes de las vacaciones de Navidad, los niños actúan para los padres en una <u>función de Navidad</u>, en la que suelen representar un Belén viviente o cantar villancicos.

7. Un adorno que decora las casas en Navidad es una representación en miniatura de <u>El Belén</u>.

Dulces	Instrumentos	Tradiciones
El turrón	La zambomba	El Belén
El mazapán	La pandereta	Los villancicos
Los polvorones		La cabalgata de Reyes
		La función de Navidad

Actividades de comprensión de la lectura

1

EL BELÉN

LOS REYES MAGOS

¿Cómo se llaman?   ¿Qué ofrecen?   ¿De dónde vienen? *De Oriente.*

Melchor .... *Oro*   ¿Qué les guía? *La estrella de Oriente.*

Gaspar   *Incienso*   ¿Qué edad tienen? *Son muy mayores.*

Baltasar   *Mirra*   ¿Cómo visten? *Con una capa majestuosa.*

OTROS PERSONAJES

La Sagrada Familia: Otros personajes:

La Virgen María   *El ángel de la Natividad*

El Niño Jesús   *Los pastorcillos y campesinos.*

San José

EL DECORADO

¿Dónde está la Sagrada Familia? *En un establo.*

¿Qué animales les acompañan? *Un buey y* *una mula.*

¿Qué más hay en el escenario? *La estrella y el establo.*

técnicas de clase

Lecturas **Soluciones**

2

1. ¿Quiénes hacen de Melchor y Gaspar?
2. ¿Cómo se ennegrece Paco la cara?
3. ¿Por qué pisa Paco la capa de Ramón?
4. ¿Qué villancico cantan ante sus padres los protagonistas?

Unidad 9

Actividades de pre-lectura

1

Fecha de nacimiento	17 de febrero de 1836.
Fecha de muerte	22 de diciembre de 1870.
Profesión	Escritor.
Corriente literaria	Romanticismo.
Obras más famosas	Como legado para la literatura del mundo, Gustavo Adolfo Bécquer dejó sus *Rimas*, en las cuales se ve lo melancólico y atormentado de su vida; en el género de las leyendas escribió la célebre *Maese Pérez el Organista*, *Los ojos verdes*, *Las hojas secas* y *La rosa de pasión* entre varias otras. Escribió esbozos y ensayos como *La mujer de piedra*, *La noche de difuntos*, *Un Drama* y *El aderezo de esmeraldas* entre una variedad similar a la de sus leyendas. Hizo descripciones de *La basílica de Santa Leocadia*, el *Solar de la Casa del Cid* y el *Enterramiento de Garcilaso de la Vega*, entre otras. Por último, dentro del costumbrismo o folklore español escribió *Los dos Compadres*, *Las jugadoras*, la *Semana Santa en Toledo*, *El café de Fornos* y otras más.

SOLUCIONES

2

- La ballesta: arma portátil, antigua, compuesta de una caja de madera de la que salen flechas.

- La trocha: vereda o sendero, o que sirve de atajo para ir a una parte.

- El montero mayor: persona que busca y persigue la caza en el monte, o la ojea hacia el sitio en que la esperan los cazadores.

- El paje: criado cuyas funciones eran las de acompañar a sus señores, asistirlos en la espera de las antesalas, atender al servicio de la mesa y otras actividades domésticas.

- La trompa: instrumento musical de viento, que consiste en un tubo de latón enroscado circularmente, donde se introduce más o menos la mano derecha para producir la diversidad de sonidos.

1. En tu opinión, ¿cuál es la actividad que está realizando el protagonista cuando comienza la historia?

   Está cazando.

2. Con respecto al momento presente, ¿cuándo ocurre la historia: en el presente, el pasado o el futuro?

   En el pasado.

3

Se ha enamorado.

Actividades de comprensión de la lectura

1

Fernando de Argensola, primogénito de los marqueses de Almenar, sale de caza por sus tierras, acompañado de sus vasallos, hiere un ciervo y le sigue hasta la fuente de los Álamos. En ese punto, ninguno de sus vasallos se atreve a seguir adelante, pues la leyenda cuenta que en dicha fuente habita un espíritu del mal. Furioso y ansioso por no perder su presa, Fernando hace caso omiso de las advertencias de sus acompañantes y parte solo hacia la fuente sin que su montero, Íñigo, pueda detenerlo.
A partir de ese momento, el comportamiento y el aspecto de Fernando empiezan a cambiar. Está cabizbajo y enfermo y sale solo a cazar todos los días, aunque regresa siempre sin haber capturado ninguna presa. Cuando Íñigo le pregunta por el motivo de

Lecturas | **Soluciones**

su comportamiento, Fernando le dice que el día que fue solo a la fuente vio los ojos verdes de una mujer y que regresa diariamente a ese lugar para ver si los vuelve a ver. Íñigo le advierte de nuevo que esos ojos verdes pertenecen al espíritu maligno del que ya le había hablado.

Un día, Fernando regresa al lugar donde había visto los ojos verdes y ve una bellísima mujer entre las rocas. La misteriosa mujer llama a Fernando y este, al aproximarse al borde del abismo, cae al agua.

2

Herido: el ciervo.

Inmóviles y preocupados: los sirvientes.

Maravilloso: el sitio donde está la fuente.

Hermosa, pálida, misteriosa, incorpórea y transparente: la mujer.

3

Salto ágil.

Calamidad horrible.

Superstición absurda.

Terror profundo.

Amor incondicional.

Unidad 10

Actividades de pre-lectura

1b

1. ¿Cuál es el título de la obra?
   Don Juan Tenorio.

2. ¿Quién es el autor?
   José Zorrilla.

SOLUCIONES

3. ¿Quién es el personaje principal? ¿Cómo es su personalidad?
   Don Juan. Es un seductor y arrogante caballero español.

4. ¿Dónde se desarrolla el fragmento que vas a leer?
   En la Hostería del Laurel.

2

Un antifaz: máscara con que se cubre la cara, especialmente la parte que rodea los ojos.

Un duelo de armas: combate o pelea entre caballeros armados.

Un desafío: es la acción de retar a alguien en una competición o pelea.

Un bandolero: ladrón, salteador de caminos.

Una pendencia: discusión o riña.

Un desmán: desorden, exceso o abuso.

Una fechoría: travesura o mala acción.

Una novicia: mujer que, en la religión donde tomó el hábito, no ha profesado todavía.

La acción del texto que vas a leer ocurre en una noche de carnaval entre caballeros en el siglo XVI.

Actividades de comprensión de la lectura

1

1. V; 2. V; 3. F; 4. V; 5. F; 6. V; 7. F; 8 F.

2

«Por donde quiera que fui, la razón atropellé, me reí de la virtud, a la justicia burlé y a las mujeres engañé. En todos los sitios donde estuve guardan un mal recuerdo de mí». (Líneas 25 a 28).

3

1. ¿Cuál es la fórmula de tratamiento que utiliza don Juan para dirigirse a don Luis Mejía?
   Vos.

2. ¿A qué forma verbal corresponde dicha forma, en persona y número?
   A la segunda persona del plural.

3. ¿Qué fórmula utilizaríamos en la actualidad: tú, usted, vosotros?
   Usted.